泰山金融论丛

THE RESEARCH ON THE FLOW-PERFORMANCE
RELATIONSHIP(FPR) OF THE OPEN-END FUNDS OF CHINA

中国开放式基金业绩
与投资者资金流量关系研究

冯金余 ◎ 著

中国财经出版传媒集团
经济科学出版社
Economic Science Press

图书在版编目（CIP）数据

中国开放式基金业绩与投资者资金流量关系研究/
冯金余著 . —北京：经济科学出版社，2019. 11
（泰山金融论丛）
ISBN 978 - 7 - 5218 - 1078 - 3

Ⅰ . ①中…　Ⅱ . ①冯…　Ⅲ . ①投资基金 - 关系 - 机构
投资者 - 现金流量 - 研究 - 中国　Ⅳ . ①F832. 51

中国版本图书馆 CIP 数据核字（2019）第 264135 号

责任编辑：刘　悦　杜　鹏
责任校对：蒋子明
责任印制：邱　天

中国开放式基金业绩与投资者资金流量关系研究
冯金余　著
经济科学出版社出版、发行　新华书店经销
社址：北京市海淀区阜成路甲 28 号　邮编：100142
总编部电话：010 - 88191217　发行部电话：010 - 88191522
网址：www. esp. com. cn
电子邮件：esp@ esp. com. cn
天猫网店：经济科学出版社旗舰店
网址：http://jjkxcbs. tmall. com
固安华明印业有限公司印装
710 × 1000　16 开　12. 75 印张　220000 字
2019 年 11 月第 1 版　2019 年 11 月第 1 次印刷
ISBN 978 - 7 - 5218 - 1078 - 3　定价：56. 00 元
（图书出现印装问题，本社负责调换。电话：010 - 88191510）
（版权所有　侵权必究　打击盗版　举报热线：010 - 88191661
QQ：2242791300　营销中心电话：010 - 88191537
电子邮箱：dbts@ esp. com. cn）

前　言

　　基金业绩在投资者申购、赎回决策中具有重要作用，正常有序的基金 FPR（flow-performance-relationship）是基金业健康持续发展的重要激励机制。但是相关研究发现，国外基金 FPR 机制对优秀业绩基金"激励过度"，对低劣业绩基金却"惩罚不足"，而国内基金 FPR 机制甚至产生"反向激励"与"劣胜优汰"的作用。国内外相关研究都存在很大不足，因此，进一步研究中国开放式基金 FPR 具有重要理论意义。

　　从现实角度来看，我国开放式基金近年来迅猛发展，已从 2001 年的 3 只基金急剧增长到 2019 年 9 月底的 5448 只，基金之间对投资流的争夺日益剧烈：一方面新发行基金面临申购不足；另一方面大多数优秀业绩的老基金面临净赎回。因而进一步研究中国开放式基金 FPR，对于重新塑造竞争有序的基金 FPR 机制，促进开放式基金的健康持续发展，具有非常重要的现实意义。

　　本书共有 8 章，第 1 章是导论，第 2 章是相关文献综述，第 3 章至第 8 章是全书主体部分。

　　第 2 章主要从标准金融理论与基金业绩持续性假说、行为金融理论、消费者行为理论等角度对基金 FPR 背后的理论机制进行了综述。

　　第 3 章对我国开放式基金投资者基于业绩的申购、赎回机制进行了分析，并且对净赎回、申购、赎回与业绩的变动关系提出了一些理论假设。

　　第 4 章比较了美国与中国开放式基金的发展沿革与基金投资者特征。在开放式基金投资者特征上，区分考察了投资者结构与投资者行为特征。

　　第 5 章检验了中国开放式基金的业绩持续性，并根据标准金融理论对我国开放式基金 FPR 进一步进行理论预测。

　　第 6 章从基金绝对业绩的角度，应用中国开放式基金面板数据对基金 FPR 进行实证。先以普通面板数据模型估计基金 FPR，以此作为基准，在此基础上进行稳健性检验与分阶段考察。主要发现是基金净赎回与业绩正相关，基金申购、赎回均与基金业绩负相关，基金"异常净赎回"由"异常申购"所致，并非"异常赎回"所致。申购与赎回呈高度正相关，短期投资者是国内基金异常 FPR 的主要原因。实证结果是稳健的。分阶段实证结果发现，第一个熊市阶段与总样本结论恰好相反，接下来的牛市与熊市阶段与总样本结论一致。

控制投资流持续性影响后，基金 FPR 结论依然成立。应用门限面板模型考察基金 FPR 的非线性特征，发现基金净赎回与业绩凹性正相关，而申购、赎回与基金业绩凸性负相关。本章还进一步发现股票型基金投资者比混合型基金投资者对业绩更敏感；机构投资者对过去业绩敏感，而个人投资者对过去业绩与当期业绩都敏感。

第 7 章进一步从基金相对业绩视角，考察开放式基金的 FPR。首先，应用 DEA 方法计算各开放式基金年度投入、产出转化的相对效率得分，并考虑其对投资者净赎回、申购、赎回的影响；其次，应用非参数法与参数法考察年度与季度相对业绩排名对投资流的影响。

第 8 章对全书总结，主要结论是：基金季度绝对业绩不持续而且出现反转；基金季度相对业绩具有短期持续性。无论是年度评价期抑或是季度评价期，基金投资者净赎回与基金绝对业绩正相关，与基金相对业绩负相关；投资者申购、赎回与基金绝对业绩负相关，与基金相对业绩正相关，申购比赎回对基金业绩更敏感，短线操作投资者是其主要原因。实证结果稳健地适用各种业绩指标；剥离投资流影响后，结论依然成立；基金 FPR 存在非线性特征，净赎回与绝对业绩凹性正相关，而申购、赎回与绝对业绩凸性负相关。除此以外，本书还发现，经济阶段、基金风格、投资者特征对基金 FPR 也有重要影响。

从绝对业绩角度来看，国内开放式基金确实存在"异常净赎回"现象，但并非由投资者"异常赎回"或"处置效应"所致，而是由投资者"异常申购"所致。从相对业绩角度来看，基金并不存在"异常净赎回"现象，投资者没有表现出"异常申购"，但表现出"异常赎回"或"处置效应"。

结合基金季度业绩持续性的实证结果，本书进一步推断，无论是针对绝对业绩还是相对业绩，投资者申购行为都是理性行为，而赎回行为都是非理性行为。开放式基金净赎回与绝对业绩表现出"异常净赎回"，是因为基金绝对业绩不具有持续性而且显著反转，投资者对基金长期业绩失去信心，其风险规避心理非常严重，不敢申购业绩好、净值高的基金，甚至利用基金业绩短期反转信息进行短线操作，低买高卖。开放式基金净赎回与相对业绩之所以表现出"正反馈"关系，是因为基金相对业绩排名具有显著的持续性，理性投资者觉察到这种信息后即可通过选择相对业绩排名靠前的基金获得相对较高收益。除此以外，申购、赎回正相关，而且投资者申购比赎回对基金业绩更敏感，也是重要原因之一。

投资者根据基金季度业绩进行的申购行为可以为投资者带来相对较高的收益，具有"聪明钱"效应；而投资者基于业绩的赎回行为，会遭致相对更多的损失。由于基金年度业绩排名不具有持续性，投资者申购、赎回与年度相对业绩排名正相关，因而投资者申购、赎回是无信息的投资，难以判断其申购、赎回行为是否带来收益或损失。

在本书最后，根据实证结果与理论解释，从政府、基金公司、投资者等角度提出了一些政策建议与进一步研究方向。

本书主要创新之处有以下两个方面。

第一，主要以标准金融理论与业绩持续性假说以及行为金融理论，为开放式基金投资者的申购、赎回选择行为奠定了理论基础，并且应用动态面板方法检验了基金绝对业绩与相对业绩的持续性。

第二，应用中国开放式基金的面板数据对开放式基金FPR进行了比较全面的实证：区分了绝对业绩与相对业绩对投资流的不同影响；考察了基金净赎回与绝对业绩的互动关系；区分了基金短期投资者与长期投资者对业绩的不同反应；不仅考察了基金业绩对净赎回的影响，而且考察了基金业绩对申购、赎回的影响；考察了基金FPR在不同经济周期的变化；应用动态面板方法考察剥离投资流持续性影响后的基金FPR；应用门限面板方法考察了基金FPR的非线性特征。考察了DEA相对绩效得分、业绩排名等相对业绩对投资流的影响。

目　　录

第1章 导 论

1.1 研究背景和研究意义

1.1.1 研究背景

开放式基金是金融市场上具有强大生命力的投资理财工具。从世界金融市场来看，开放式基金是基金业的主流。目前美国、英国、中国香港地区和中国台湾地区的基金市场开放式基金都占90%以上。相对于封闭式基金，开放式基金在激励约束机制、流动性、透明度和投资便利等方面都具有较大优势，因而基金管理人更加注重诚信、声誉，提供稳定、绩优的投资策略与优质客户服务。发展开放式基金，能更好地调动投资者热情，能够吸引部分新增储蓄资金进入证券市场，改善投资者结构，起到稳定和发展资本市场的作用。随着资本市场的发展，20世纪90年代全球开放式基金都获得了迅猛的发展（除亚洲国家以外）。

我国开放式基金近年来也获得了快速发展。截至2019年9月底，我国开放式基金已高达5448只，份额规模高达11.82万亿份，资产规模约为12.56亿元，较之2001年成立之初的3只基金，资产规模不足60亿元，其发展速度之快令人瞠目。

我国开放式基金发展前景依然十分广阔。主要原因有四个：（1）我国资产证券化程度比较低，股市市值占GDP比值较低①，随着我国经济持续高速

---

① http://www.sina.com.cn，2007年10月08日10：15，南方报业网。相比于2006年21.087万亿元的GDP总量，意味着中国境内股市证券化率（股市总市值/GDP总量）已经达到116.33%，而此数字在两年前仅为16.8%。有关资料显示，美国股市市值占GDP的比重为130%，日本、韩国、印度等国约为100%，东盟国家则大约为70%~80%。

发展，股市还将大幅扩容。部分专家预言到 2020 年我国 A 股市值将达到 520 万亿元，是股市最高峰 2007 年市值的 24 倍。（2）相比国际上市场成熟的国家，我国开放式基金占 A 股市值比例也比较低。2008 年所有基金总资产占沪深 A 股总市值的比例为 5%，占流通市值①比例 15%，而美国② 2008 年高达 53.3%。（3）从基金业与保险、银行的横向比较来看，其发展空间也非常大。在美国，基金业已发展成为与银行业、保险业和证券业并驾齐驱的一驾马车，资产总额已超过银行存款。而国内数据显示，2007 年末金融机构居民户人民币存款余额 17.6 万亿元，A 股总市值 32.46 万亿元，但开放式基金市场总值尚不足 2.3 万亿元。（4）开放式基金将成为我国家庭与个人投资者最重要的投资渠道。我国金融体系属于银行主导型，存款利率低，而股市债市不发达、风险高，居民与家庭投资者投资渠道非常狭窄。一份基于印度基金投资者的问卷调查显示，投资者之所以青睐开放式基金，主要是因为其为投资者提供了方便、高效的投资通道。

在我国开放式基金具有良好发展背景前提下，关注与研究开放式基金发展的任何新现象与新问题都具有重要的现实意义。基金投资流—业绩关系（flow-performance-relationship，FPR）是最值得研究的重要问题之一，这由开放式基金可随时申购、赎回的基金制度所决定。正常有序的基金 FPR 是一种重要的激励机制，对基金具有隐性激励作用：基金投资流入与基金业绩正相关，流出与基金业绩负相关，基金业绩越好，资产规模越大，因而管理费越高，反之则相反。发挥基金 FPR 的隐性激励作用有利于开放式基金健康、持续发展，但是相关研究发现，国外基金 FPR 机制对优秀业绩基金"激励过度"而对低劣业绩基金却"惩罚不足"，而国内基金 FPR 机制甚至产生"反向激励"与"劣胜优汰"的作用，陆蓉等（2007）将我国开放式基金净赎回与绝对业绩的反常变动关系称为"赎回异象"。

国外大多数学者发现，20 世纪 80 年代以后在美国等成熟市场国家投资流与业绩是凸性正反馈关系，投资者具有业绩—追逐行为。基金历史业绩越

---

① 银河证券基金研究中心的统计显示，2008 年 9 月底，沪深 A 股总市值是 14.72 万亿元，流通市值是 4.91 万亿元，其中基金大约持有 7500 亿元，占流通市值的比例是 15% 左右，占总市值的比例是 5% 左右。

② 根据美国 ICI，2008 年美国基金总市值为 9.6 万亿美元，而同期股市市值 18 万亿美元，同期世界基金总资产产值 19 万亿美元。

好，所获投资流加速增加，少数优秀历史业绩基金几乎获得基金市场所有资金，但差业绩基金并没有同样程度的资金流出。这种基金 FPR 机制具有期权式激励特征，会引发基金过度竞争促使基金经理提高资产组合风险，而对于差业绩基金却难以淘汰，致使整个基金市场效率低下。而且，大多数文献发现开放式基金优秀业绩持续性较差，差业绩持续性反而较强，按照标准金融理论与业绩持续性假设，投资者理应放弃追逐历史业绩优秀的基金而立即抛弃业绩差的基金，但开放式基金市场实际的凸性 FPR 与理论预测恰好相反，表明开放式基金的业绩—追逐行为是非理性的。国外基金 FPR 文献无法对此进行较好的理论解释，因此，基金 FPR 的凸性或者非线性特征已成为国外研究的焦点。

与国外研究结论相反，我国开放式基金净赎回与业绩却表现出"异常净赎回"：开放式基金净赎回与业绩呈正向凹性变动关系，优秀业绩基金遭遇净赎回，而业绩差基金因投资流增加反而受到奖励，这从 2004～2009 年净赎回与业绩 19 个季度的变化可以直观看出（见图 1.1）。由于基金市场的"异常净赎回"，国内开放式基金 FPR 机制未能发挥优胜劣汰作用，如果持续下去，"劣币驱逐良币"，会扭曲开放式基金经理的竞争机制，诱使基金经理选择"中庸""消极"的投资策略，从而降低整个开放式基金行业的资源配置效率。

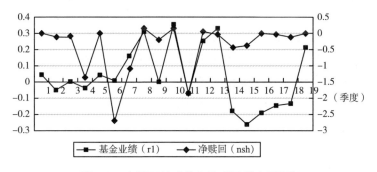

图 1.1　中国开放式基金的"异常净赎回"

与国外相比，国内基金 FPR 相关研究文献在理论研究上更显不足。部分国内文献尝试了基金 FPR 实证研究，但结论与国外恰好相反。而且在研究视角、研究样本、研究方法等方面都存在明显不足。

就研究视角而言，大多数国内基金 FPR 实证文献仅考察基金绝对业绩对净赎回的单向影响，没有考察净赎回是否反作用于基金绝对业绩；较少分开考察绝对业绩如何作用申购、赎回，因而大多数学者推测国内"异常净赎回"由"异常赎回"所致。此外，国内文献没有区分绝对业绩与相对业绩对投资流的不同作用；没有区分不同类型投资者对业绩的不同反应，例如长期投资者与短期投资者，机构投资者与个人投资者；没有考虑基金投资者在不同经济周期对业绩的不同反应；没有考虑投资流持续性是否影响基金 FPR，也没有考虑基金 FPR 的非线性特征。

从研究样本来看，由于开放式基金发展历程太短，国内 FPR 研究样本基本限于 2006 年以前，无法刻画其后的阶段投资者申购、赎回行为特征。从研究方法上来讲，国内相关文献已开始运用面板数据，由于兼顾了截面与时间序列两个方向，其实证结果比普通横截面数据或时间序列数据方法要稳健得多。而通过本森等（Benson et al.，2008）的实证结果可知，基金业绩与赎回的滞后项在联立方程中都有显著影响，为重要解释变量。根据面板数据固定效应方法估计原理，由于固定效应影响，被解释变量滞后项在差分方程中会产生内生性，导致估计偏差。除此以外，普通面板数据难以考察基金 FPR 的非线性特征。

如上所述，国外开放式基金 FPR 的理论预测与实际并不相符，国内外开放式基金 FPR 变动方向恰好相反，国内开放式基金 FPR 研究存在诸多不足之处，由此引发的问题是：（1）开放式基金 FPR 背后的理论机制是什么，即投资者为何要根据基金业绩进行申购、赎回？（2）开放式基金净赎回与业绩的"异常净赎回"现象，在更有代表性的样本与更稳健的方法以及采用相对业绩指标情形下，是否仍然存在？（3）如果存在"异常净赎回"，那么，这是由投资者"异常申购"还是"赎回所致"，抑或是……？

综上所述，我国开放式基金具有良好发展前景，而对开放式基金发展至关重要的基金 FPR 机制却存在诸多功能缺失，相关研究存在诸多不足，因而有必要进一步研究中国开放式基金的 FPR。

1.1.2　研究意义

首先，研究中国开放式基金 FPR，可以进一步丰富基金 FPR 理论文献，具有重要理论意义。

国外大多数文献发现开放式基金 FPR 呈凸性正反馈关系，基金投资者具有业绩—追逐行为。但无法获得标准金融理论与业绩持续性假说的支持，因而国外大多数文献聚焦于探讨开放式基金 FPR 是否以及为何呈凸函数关系。

国外研究在基金 FPR 实证方面确实取得了系列研究成果，但是对投资者的申购赎回决策，理论解释上仍存在不足之处。

与国外相比，国内基金 FPR 相关研究文献在理论研究上更显不足。部分国内文献尝试了基金 FPR 实证研究，但结论与国外恰好相反。而且在研究视角、研究样本、研究方法等方面都存在明显不足，因而其"赎回异象"结论不一定准确与稳健。另外，即便存在"异常净赎回"，那么这是由"异常申购"还是"异常赎回"所致？国内上述文献尚未分别进行实证。

综上所述，研究中国开放式基金 FPR，有助于进一步理解基金投资者的决策心理，有助于丰富开放式基金 FPR 理论文献。进一步探讨中国开放式基金 FPR 具有重要理论意义。

其次，研究基金 FPR，有助于重塑正常的 FPR，在基金与投资者之间形成以业绩为纽带的相互制衡关系，促进我国开放式基金健康持续发展，具有重要的现实意义。

从现实层面来看，我国开放式基金近年来迅猛发展，已从 2001 年的 3 只基金急剧增长到 2019 年 9 月底的 5448 只，基金之间对投资流的争夺日益加剧：一方面新发行基金申购不足；另一方面大多数老基金面临净赎回。

但是我国开放式基金却呈现出"异常净赎回"：净赎回与基金业绩正相关且为凹性，业绩越好，赎回反而越严重（刘志远等，2004；陆蓉等，2007）。这种"劣胜优汰"的负反馈 FPR 机制如果持续下去，势必会"劣币驱逐良币"，使优良业绩基金退失信心，转而选择保守、中庸、雷同的投资策略。而且投资者"异常净赎回"会增加基金流动性管理难度，被迫变现具有盈利前景的资产组合（Edelen，1999）。

因此，进一步实证"赎回异象"是否存在，并寻求其背后的成因，对于重新塑造竞争有序的基金 FPR 机制，促进开放式基金的健康持续发展，具有非常重要的现实意义。

1.2　相关概念界定

1.2.1　开放式基金

开放式基金在国外又称共同基金（mutual fund），是基金单位或股份总规模不固定，投资者随时可以申购或赎回基金份额的一种基金运作方式。投资者既可以通过基金销售机构购买基金，也可以将所持有基金份额卖给基金并收回现金。相比于直接投资股票，投资者通过开放式基金间接购买股票，可以获得专业化投资好处。与银行相比，开放式基金除可获得廉价流动性以外，可获得较高收益。此外，开放式基金投资门槛较低，是中小投资者进入股市或债券的重要投资渠道。对大的机构投资者，例如养老基金（雇主养老计划、个人养老计划、企业年金账户）、保险公司、教育基金等而言，开放式基金可以充当"现金池"，兼顾流动性与短期收益性的优点。对家庭而言，开放式基金还是家庭养老、教育、医疗筹资的重要方式。开放式基金还提供专户理财功能，即为特定投资者①（机构投资者等大额资金）设定专门投资人才理财的服务。总体而言，开放式基金具有收益性、安全性、流动性、分散化专业投资、保值增值等优点。

开放式基金根据投资对象可分为指数基金、对冲基金、货币市场基金、股票型基金、债券型基金、混合型基金等种类。本书主要考察的是股票型开放式基金，其投资对象主要为各股票构成的投资组合。

1.2.2 基金 FPR

基金 FPR 指基金投资流与业绩的关系，完整的基金 FPR 既包含了基金投资流与绝对业绩关系，又包含了投资流与相对业绩的关系；既包括净赎回与业绩的关系，也包括申购、赎回与业绩的关系。从国外相关文献来看，基金FPR 主要反映的是基金投资者如何根据基金业绩信息进行申购、赎回决策。

1.2.3 赎回异象

"赎回异象"是指"异常净赎回"现象，即中国开放式基金净赎回与业绩呈现的反常变动关系：业绩好的基金受到惩罚，净赎回上升，业绩差的基金受到奖励，净赎回下降。国内开放式基金 FPR 相关文献没有进一步区分申购、赎回，因而在概念上经常将"异常净赎回"混同为"异常赎回"。为了

---

① 例如我国开放式基金 2008 年推出的专户理财服务，最早是"一对一"、为 5000 万元以上的大额投资者服务，现已改为"一对多"、投资门槛 100 万元，更多百万元富翁都可享受这种服务。

进一步区分"异常净赎回"与"异常赎回"的概念，本书将与美国等开放式基金市场凸性正反馈关系，相反或差异较大的基金赎回—业绩关系，定义为"异常赎回"。与"异常净赎回"紧密相关的另一个概念是"异常申购"，同理，将其定义为：与美国等成熟开放式基金市场正反馈凸函数关系，相反或差异较大的申购—业绩变动关系。

1.3　研究方法与研究视角

本书采用的是经济学分析方法，以计量经济学实证方法为主，兼顾了规范的理论分析，力争做到理论与实证统一、历史与逻辑统一。在具体实证方法上，主要采用了动态面板、门限面板、数据包络分析（DEA）等方法。

在研究视角上，基于国内外文献的不足，本书提出开放式基金"异常净赎回"的概念与"异常赎回"[①] 进行区分，主要研究思路如下。

（1）根据国外开放式基金 FPR 的理论逻辑与历史逻辑，对投资者申购、赎回决策提出理论命题与研究假设。

（2）根据标准金融理论与业绩持续性假说，本书先对国内开放式基金的业绩持续性（包括相对业绩与绝对业绩）进行实证，在此基础上对我国开放式基金的 FPR 关系进一步提出理论预测。

（3）从基金绝对业绩的角度，主要应用中国开放式基金季度面板数据，对中国开放式基金的 FPR 进行比较全面的实证。以普通面板估计的基金 FPR，作为参照基准。应用各种业绩指标进行稳健性检验；区分长期投资者与短期投资者，机构投资者与个人投资者；区分熊市、牛市、熊市三个阶段分阶段考察基金 FPR；分别应用季度、半年、年度数据考察基金 FPR；应用动态面板控制投资流持续性；应用门限面板模型考察基金 FPR 的非线性特征。

（4）从基金相对业绩视角，进一步考察开放式基金的 FPR。首先，应用 DEA 方法计算各开放式基金年度投入、产出转化的效率得分，并考虑 DEA 相对绩效对投资者净赎回、申购、赎回的影响；其次，应用非参数法与参数法考察考察相对业绩排名（年度业绩与季度业绩）对投资流的影响。

---

① 注：国内开放式已有文献（刘志远等，2004；陆蓉等，2007）实证的"异常赎回"现象实质是"异常净赎回"现象，由于没有区分这两个概念，在解释时，常将其混淆。

1.4 结构、创新与不足

1.4.1 结构

本书共有 8 章，第 1 章是导论，第 2 章是相关文献综述，第 3 章至第 7 章是全书的主体部分。

本书第 3 章主要根据标准金融理论与基金业绩持续性，以及行为金融理论构建投资者申购、赎回决策模型，分析基金业绩对投资者申购、赎回决策的影响。

第 4 章分析了美国与中国开放式基金的发展过程以及投资者结构与行为特征。

第 5 章检验了我国开放式基金绝对业绩与相对业绩的持续性，并根据第 3 章上述理论对我国开放式基金 FPR 进行了进一步的理论预测。

第 6 章从绝对业绩的角度，对开放式基金 FPR 进行了多角度实证。

第 7 章从相对业绩的角度，考察开放式基金 FPR。考察基金 DEA 效率得分对投资流影响；考察 DEA 产出指标年度相对排名对基金投资流影响；应用参数法与非参数法考察基金季度业绩排名对投资流影响。

第 8 章对全书进行总结，提出政策建议，并指出进一步的研究方向。

1.4.2 创新与不足

本书可能的创新之处包括以下两点。

（1）以标准金融理论与行为金融理论相结合，作为基金投资者基于业绩进行申购赎回决策的理论基础。并且，应用动态面板方法检验了我国开放式基金绝对业绩与相对业绩的持续性。

（2）应用中国开放式基金的面板数据对开放式基金 FPR 进行了比较全面的实证：区分了绝对业绩与相对业绩对投资流的不同影响；考察了基金净赎回与绝对业绩的互动关系；区分了基金短期投资者与长期投资者对业绩的不同反应；不仅考察了基金业绩对净赎回的影响，而且考察了基金业绩对申购、赎回的影响；考察了基金 FPR 在不同经济周期的变化；应用动态面板方法考察剥离投资流持续性影响后的基金 FPR；应用门限面板方法考察了基金 FPR 的非线性特征。考察了 DEA 相对绩效得分、业绩排名等相对业绩对投资流的影响。

本书的不足之处主要有以下四点。

（1）在理论上，由于国内基金业绩持续性文献与证据仍显不足，这在一定程度上会影响标准金融理论的解释力。

（2）由于统计数据的缺乏，本书对基金 FPR 的分析只能限于年度、半年度与季度数据，无法进一步扩展到月度以及更短时期。

（3）只有申购、赎回的总量数据，对投资者异质性问题仅区分了机构投资者与个人投资者，有待于根据基金持有期、基金账户资金余额与变动、账户交易频率等对投资者进一步进行分类考察。

（4）影响投资者申购、赎回决策因素是多方面的，除了本书所涉及的基金业绩、分行、股市收益与风险、基金规模、基金风格等因素以外，可能还存在更重要的因素，有待于采取问卷调查等其他方式对基金投资者的申购赎回决策进行深入分析。

第 2 章　文献综述

　　基金投资者为何会根据基金业绩进行申购、赎回决策？从现代金融理论来看，与其紧密相关的理论主要有两个：标准金融理论与基金业绩持续性假说及行为金融理论。除此以外，投资者申购决策理论还包括搜寻成本假说（拓展的标准金融理论）、消费者行为理论等；投资者赎回决策相关理论还包括委托代理理论、外部性理论、税收动机等。

　　就基金 FPR 的实证研究而言，国外文献主要从基金绝对绩效与相对绩效两个大的方面对基金 FPR 进行了实证检验。从基金投资流与绝对绩效的关系，国外相关研究尝试了多角度的实证。而国内有关基金 FPR 的研究才刚开始，主要考察了基金净赎回与绝对业绩的关系，较少考察基金相对业绩对投资流的影响。较少分开考察业绩对申购、赎回的影响；没有剥离投资流持续性对基金 FPR 的影响；也没有考察基金 FPR 的非线性特征；没有区分个人投资流与机构投资流对基金业绩的不同反应。

2.1　基金 FPR 相关理论研究述评

2.1.1　标准金融理论中的投资者决策与基金业绩持续性

　　标准金融理论（standard finance），包括期望理论、证券组合选择理论、资产定价理论、套利定价理论等。根据标准金融理论，基金投资者之所以根据历史业绩申购或赎回基金，主要是因为基金历史业绩能预测未来业绩——基金业绩具有持续性。因此，国内外大量文献都聚焦于基金业绩持续性与来源的实证，试图为国外基金投资者的业绩—追逐行为提供一个合理的解释。

2.1.1.1　标准金融理论中有关投资者决策分析

期望效用函数理论是投资者在不确定性下进行投资决策的理论基础，它是于 1944 年由冯诺依曼（Von Neumann）和摩根斯顿（Morgestern）根据偏好的可比性、传递性、完备性、独立性、不满足性等五个公理提出。艾柔（Arrow，1953）和德布鲁（Debru，1959）随后将其纳入瓦尔拉斯均衡，创造出一种新的均衡体系——艾柔—德布鲁均衡，为不确定性决策问题提供了一种经典分析框架。基于这一分析框架，形成了以有效市场为核心，以证券投资组合理论（Markowitz，1952）、资本资产定价模型（Sharp，1964；Lintner，1965；Mossin，1966）、套利定价模型（S. Ross，1976）为应用的资产定价理论体系——标准新古典金融理论。

在上述理论体系中，假定投资者具有完全理性的决策能力，在不确定性条件下根据期望效用①最大化进行决策。由于客观概率难以获得，投资者通常采用主观概率，即个人信念，形成"主观期望效用"。

资产收益与风险是期望效用函数的两个决策变量，在信念给定情况下，投资者在收益与风险中实行最佳折中，最大化自己的期望效用。投资者假定为理性经济人，这具有两层基本含义：（1）在计算期望效用时，使用的主观概率符合贝叶斯推断，当获得新信息时，投资者根据贝叶斯法则更新自己的信念。（2）在投资者信念既定条件下，其风险偏好不变，根据期望效用最大化进行决策。在风险确定情况下，资产收益（或风险调整收益）是投资者唯一的决策变量，投资者可以通过选择期望收益高的资产提高自己效用。

虽然有效市场假说（salmoulsen，1965；Fama，1970）指出，当金融市场有效时，投资者无法利用历史信息（弱有效）、私人信息（半强有效）、任何信息（强有效）获利，但是金融市场越来越多的"金融异象"，例如，股票溢价之谜，新上市公司 IPO 溢价之谜，封闭式基金长期折价之谜等，却表明投资者仍具有利用自身信息优势获利的可能性。这是因为证券价格不一定能完全准确反映基本面信息，投资者也不一定完全准确地评价证券资产价格，交易成本的存在使市场仅能部分地套利。

由此，当基金业绩具有持续性时，理性基金投资者即可申购或继续持有历史收益好的基金，或赎回历史收益较差基金以提高自身效用。

---

① 可以采取两种计算方式计算其期望效用，一是采用客观概率；二是主观概率。

2.1.1.2 基金业绩持续性的相关理论述评

早期与基金业绩相关研究并没有研究基金业绩持续性，而主要聚焦在开放式基金与市场的关系，即基金是否能战胜市场？基金经理是否具有选股能力、选时能力？开放式基金是否有必要存在？

越来越多的证据表明积极管理型基金无法获得超额异常收益①，但是历史业绩优秀的基金，却仍然迅猛增长。对这一问题的关注，使相关研究逐渐转移到基金业绩的信息与预测能力上。

为何基金投资者要追逐历史业绩优秀的基金？是否基金历史优秀业绩能延续到未来？是否基金历史业绩包含着基金经理管理能力的信息，可以预测未来收益？对于基金业绩持续性相关研究，最早始于美国，研究较为完备的也是美国，然后是英国，近年来德国、澳大利亚也进行了一些研究，而在中国则刚开始起步。本书主要对美国、英国与中国的基金业绩持续性相关研究进行评述。

美国最早与基金业绩持续性相关的文献是夏普（sharp，1966），他在评价1954～1963年的34只基金业绩时，分两个阶段分别对基金业绩进行排名，发现两者具有一定程度相关性，但相关系数只有0.36，而且未达到显著性水平。詹森（Jesen，1968）随后也得到了基金业绩非持续性的结论。由于其研究目的不是针对基金业绩持续性因而并没有受到广泛引用，但是其方法对后来研究很有帮助。他应用证券组合超额收益对市场组合超额收益回归的截距项（α，詹森阿尔法）来度量基金异常收益，方程回归系数（β）是CAPM模型证券组合市场风险的基础度量工具。

此后（1970～2009年），美国对基金业绩持续性进行了广泛研究，从现有文献来看，大多数美国研究（41篇相关文献中有37篇文献）证实基金业绩存在一定程度的持续性，仅有3篇文献发现基金业绩不具有持续性，即便是采用不同样本区间、不同基金风格、不同研究方法、样本是否具有存活者偏差的情形下。其主要结论是：基金好业绩难以持续，差业绩容易持续，方差大基金业绩组更易持续。基金短期业绩持续性较强，长期较弱而且可能反转。就研究方法而言，美国所采用的检验业绩持续性方法有列连表、截面回

---

① 艾德伦（Edelen，1999）发现开放式基金为满足投资者流动性需求会产生负的间接成本，这可以部分地解释开放式基金虽然异常收益小于零却仍然受到投资者的青睐。

归、斯皮尔曼排序、CAPM 三因子、四因子等方法。

　　我们按年代顺序将美国从最早到最新（1970～2009 年）的业绩持续性文献，将作者、写作年份、样本区间、样本量、市场基准或风险调整、有无消除存活偏差、实证结果等主要信息，汇总如表 2.1 所示。

表 2.1　　　　　　　　　美国开放式基金业绩持续性研究结果汇总

作者	发表年份与样本范围			方法			结果
	年份	期间	基金样本	风险或其他调整	持有期	存活偏差	是否持续
	基金业绩持续性的证据						
格林布拉特等（Grinblatt et al.）	1989			消除积极策略影响	每年	有	是
布朗等（Brown et al.）	1992	1976～1987	增长、收入	是、不是	每年	无	多数区间
格林布拉特等（Grinblatt et al.）	1992	1974～1984	279	无	5 年	有	是
格林布拉特等（Grinblatt et al.）	1993	1976～1985		是	季度	无	是，即便考虑风险
亨德里克斯（等 Hendricks et al.）	1993	1974～1988			季度	无	好、差业绩都是
戈茨曼等（Goetzmann et al.）	1994	1979～1998	728	连续表	年	无	是，业绩方差大的更强
卡恩等（Kahn et al.）	1994		股票、固定	是	1 年	有	是
布朗等（Brown et al.）	1995	1976～1988	372、829	连续表、三因素等	1 年	无	差业绩是，不如指数基金

续表

作者	发表年份与样本范围			方法			结果
	年份	期间	基金样本	风险或其他调整	持有期	存活偏差	是否持续
	基金业绩持续性的证据						
马尔基尔等（Malkiel et al.）	1995	1971~1991	股票	连续表	1年	无	20世纪70~80年代是，80年代无
沃克曼等（Volkman et al.）	1995		332		1年		大、小规模基金，差业绩强
爱尔顿等（Elton et al.）	1996		188	四因素	1或3年	无	是，因为选股能力与支出不同
卡哈特（Carhart）	1997			三、四因素	1年	有	差业绩更强
菲尔普斯等（Phelps et al.）	1997	1975~1996					有业绩持续性，但控制规模与风格后消失
索尔（Sauer）	1997	1976~1992	所有		1年	有	部分样本有，控制风格后不再
卡彭特（Carpenter）	1999					无	有
斯莫利亚（Smolira）	1999			税前、税后		有	税后收益更强
布莱克等（Blake et al.）	2000			晨星排名	1年	无	强业绩不显著，差业绩有
莫雷（Morey）	2000			业绩排名		有	老基金较稳定
戴维斯（Davis）	2001		成长、小盘面		1年	有	短期持续性
多姆斯等（Droms et al.）	2001		国际股票基金		1~5年	有	短期持续，2年以上没有

续表

作者	发表年份与样本范围			方法			结果
	年份	期间	基金样本	风险或其他调整	持有期	存活偏差	是否持续
基金业绩持续性的证据							
史密斯 （Smith）	2001					有	有，开放式与封闭式相似
维尔莫斯 （Wermers）	2001			收益差		有	是
迪夫斯 （Deaves）	2002		加拿大 股票基金		1 年	无	短期持续性
阿门可等 （Amenc et al.）	2003		对冲基金			有	有，战略风格潜在收益大
霍斯特等 （Horst et al.）	2004				0.5~1 年	无	有
帕尔斯等 （Prather et al.）	2004			是		无	有
斯托林 （Stolin）	2004						偏股型较强
卡普茨基等 （Kacperczyk et al.）	2006			收益差距		有	有些有
库（Kuo）	2006						有
王等 （Wang et al.）	2006			贝叶斯度量方法		无	短期持续，尽管基金存在能力差异
亚当斯 （Adams）	2007			阿尔法与历史收益	1 年	有	后者有，降低资产风险可提高
伯克等 （Berk et al.）	2007						差业绩有

续表

作者	发表年份与样本范围			方法			结果
	年份	期间	基金样本	风险或其他调整	持有期	存活偏差	是否持续
基金业绩持续性的证据							
爱尔顿等（Elton et al.）	2007		持股数据	阿尔法、贝塔值			贝塔值较好
格里夫等（Goriaev et al.）	2007	投资流对业绩反应呈驼背式，与短期业绩持续性一致					
惠济等（Huiji et al.）	2007	1990 ~ 2003	3549 债券	阿尔法与历史收益	1 年	有	两者都有
杜等（Du et al.）	2009		债券基金			有	业绩持续，但无异常收益
彼德森（Peterson et al.）	2009	上期税前收益影响当前税后收益					
基金业绩非持续证据							
卡尔森（Carlson）	1970			是、不是	1 年	有	否
德茨勒（Detzler）	1999			业绩排名	1 年	无	不
杰恩等（Jain et al.）	2000		294	业绩排名		无	不
贝斯勒等（Bessler et al.）	2009	1992 ~ 1907	3948	优秀业绩之所以难持续是因为基金经理更替与大量资金流入			

资料来源：笔者归纳整理。

以下区分存活者偏差、市场基准与研究方法、样本区间、基金风格、相对业绩与绝对业绩、持有期（季度、年度），将美国支持业绩持续性的主要代表性文献按时间先后顺序略述如下。

布朗等（Brown et al.，1992）发现存活者偏差可能会低估基金业绩持续性，因为基金差业绩持续性更强，差业绩基金更容易关闭。消除存活者偏差后，其实证结果发现，除 1979 ~ 1984 年以外，其他区间（1976 ~ 1981 年，1982 ~

1987 年）都表现出很强的业绩持续性，而且业绩持续性主要来源于差业绩基金的持续性。卡彭特等（Carpenter et al.，1999）在消除存活偏差与损耗效应的情况下，进一步证实美国开放式基金具有业绩持续性。帕尔斯等（Prather et al.，2004）在控制存活偏差、市场标准误差以及基金特定因素情况下，也实证了业绩持续性假设。迪夫斯（Deaves，2002）在精心构造样本以避免存活者偏差与回填①（fillingback）偏差的情况下，发现加拿大互助基金至少在短期具有持续性。

基金年度业绩与季度业绩都具有业绩持续性。格林布拉特等（Grinblatt et al.，1992、1993）先后发现基金年度业绩与季度业绩都存在正的业绩持续性。亨德里克斯等（Hendricks et al.，1993）发现优良业绩组基金至少可以在前四个季度具有显著持续性，差业绩基金组的业绩持续性更强。库（Kuo，2006）发现 ETF 基金的风险调整收益能击败美国市场指数，而且在年度数据上具有持续性。

大多数文献都从绝对绩效视角实证基金业绩持续性，但是戈茨曼等（Goetzmann et al.，1994）发现除基金绝对业绩（历史收益）表现出持续性以外，相对业绩（业绩排名）也表现出持续性。索尔（Sauer，1997）也证实了基金业绩晨星排名的持续性。布莱克等（Blake et al.，2000）发现晨星排名靠后的基金组业绩持续性较强，而排名靠前的基金组持续性较差。

基金风格、规模、行业、税收、成立年限也影响业绩持续性。卡恩等（Kahn et al.，1994）发现即使在控制基金风格与管理费后，业绩持续性仍存在于固定收益型基金中。但是，菲尔普斯等（Phelps et al.，1997）发现基金收益的持续性在控制风格与规模特征后消失。索尔（1997）则发现基金晨星业绩排名持续性，在按投资风格分类后开始消失。沃克曼等（Volkman et al.，1995）发现负的业绩持续性同时存在于小规模与大规模基金中，这是因为小规模基金容易在新成立时冒险而大规模基金无效率。戴维斯（Davis，2001）发现在 1965～1998 年，市场所有风格都不能产生异常收益，价值型基金产生每年负 2.75% 的异常收益。在表现最好的成长型基金与最差的小盘面基金中存在短期的业绩持续性。霍斯特等（Horst et al.，2004）发现对冲基金在二至四个季度内能保持业绩持续性。惠济等（Huiji et al.，2007）发现债券基金优秀业绩也具有较好的持续性，基于历史阿尔法排名的顶端基金组

---

① 这是因为基金具有选择何时将业绩消息最早传递给投资者的权利。

与底部基金组每年收益之差超过 3.5%，而且，基于历史收益构建的投资策略可以给投资者带来经济上和统计上都非常显著的异常收益。除此以外，各行业证券差异（Stolin，2004）、税收（Smolira，1999）、基金成立年数（Morey，2000）也影响基金业绩持续性。杜等（Du et al.，2009）通过考察高品质的公司债券基金，发现扣除费用前的基金业绩具有短期持续性，但基金经理能力产生的异常收益仅够抵补费用，因此，虽然赢家基金经理依然能战胜输家基金，但是不能产生异常收益。

在不同研究方法与市场基准选择下，也一定程度上支持基金业绩持续性假说。布朗等（1995）运用连续表、CAPM 的阿尔法测度、三因素的阿尔法测度，发现业绩不如 S&P500 指数的基金表现出较强业绩持续性，差业绩持续性很强，是因为投资者不能卖空差业绩基金。卡哈特（Carhart，1997）应用 CAPM、三因素与四因素模型估计基金绩效，将绩效归因为四种因素，分别是大贝塔股票与小贝塔股票差异，大、小市场资本值股票差异，价值对增长型股票差异，一年收益动量策略与反转策略差异。发现购买原始收益最好基金组与卖出最差基金组可以获得每年8%的收益，购买历史业绩优秀的基金是可行的投资策略，基金存在业绩持续性，而且投资者可以利用这种信息进行投资，至少在短期如此。爱尔顿等（Elton et al.，1996）应用四因素模型发现在控制风险后存在 1 年与 3 年的业绩持续性，高、低业绩基金组的风险调整收益之差是因为基金经理选股能力与费用支出差异所致。选择过去 3 年优秀业绩基金组产生的月超额收益为 0.9%，而选择过去 3 年差业绩基金组投资月超额收益为 - 43.7%。他们由此推断，历史业绩能传达未来基金业绩的信息。维尔莫斯（Wermers，2001）运用新的数据库既考察了基金净收益又考察了基金持股阶段，发现上年的赢家基金在下年的业绩表现中，比上年的输家基金每年净收益高5%，比市场参照标准每年多2%。过去的赢家基金在接下来的两年内能持续击败过去的输家基金。持有过去优秀业绩基金比过去差业绩基金会产生每年 4.8% 的净收益差，比同样权重的基金组合会产生总收益差为 5.3%。这为基金业绩一年期持续性提供了强有力的证据。卡普茨基等（Kacperczyk et al.，2006）以基金收益与其公布的投资组合收益之间的差距代替基金不可观察的行动，结果发现收益差距在时间与横截面上具有不同的持续性，他们还发现，收益差距有助于预测未来基金收益，因而推断投资者应该以收益差距作为评价基金未来收益的附加指标。爱尔顿等（2007）发现使用持股数据估计的阿尔法可以更好地预测未来的阿尔法，更好地选择胜过指数基金。斯泰瑞等（Steri et al.，2009）运用非参数法发现意大利开放式基金（95% 是对冲基金）在月度与季度数据都表现出业绩持续性，而运用回归方法则只有月度数据表现出持续性。

针对基金业绩持续性的原因，阿夫拉莫夫和维尔莫斯（Avramov and wermers，2006）进一步研究发现，在基金经理能力、基金风险、基准收益（市场或行业）中，基金经理管理能力对基金未来业绩预测力最强。而卡哈特（1997）发现，投资成本与投资策略是基金收益预测能力中最重要的因素。与以上文献不同，格林布拉特等（1992）认为，无须区分业绩持续性来源，只要基金业绩具有持续性，基金过去业绩能给开放式基金投资者提供有价值的信息。

为何基金差业绩更容易持续？伯克等（Berk et al.，2007）发现差业绩组基金业绩持续性由上期与当期都表现较差的基金所致，这是因为投资者不愿撤离资金对差业绩作出反应。相比而言，仅在当年表现较差的基金投资者对业绩敏感性更强，因而其收益没有表现出持续性。

美国不支持基金业绩持续性的文献按时间先后顺序略述如下。

卡尔森（Carlson，1970）比较前后连续 10 年的基金业绩排名，发现基金业绩排名不具有显著的持续性，进一步比较绝对收益与风险调整后的收益，发现后者更不具有持续性。德茨勒（Detzler，1999）研究表明基于大众基金排名的投资策略不会对投资者产生超额收益。他根据巴融、商业周刊、福布斯 1993~1995 年的基金排名样本，排名前相对同行基金具有超额收益的基金在排名后与其他基金具有相似收益。实证结果不支持基金业绩持续性的假说。杰恩等（Jain et al.，2000）分析了优良业绩基金在广告后是否持续表现出优良业绩。他们使用刊登在巴隆或金钱杂志的 294 个基金样本，考察基金在广告前、后收益，发现基金广告前的超额收益与基金经理能力无关，广告基金的优良业绩不具有持续性。

为何基金优秀业绩难以持续？王等（Wang et al.，2006）基于伯克等（2004）发现经理能力差异一直存在，投资者会根据事后的基金能力估计调整资金流。基金能力估计的横截面差异对基金下一年的绩效具有预测能力。高能力的基金经理不会长期持续地击败低能力的基金经理，因为追逐能力的资金流会使异常收益在均衡时趋于相等。实证结果表明，尽管基金经理拥有高能力，投资者理性地追逐由这些能力产生的高收益，过多的资金涌入导致异常收益的消失，基金业绩缺乏长期的业绩持续性。贝斯勒等（Bessler et al.，2009）进一步发现，无论是横截面上还是时间序列上基金经理换手率与投资流都是影响业绩预测能力的重要因素。过去最佳业绩基金的未来绩效，强烈受到有能力基金经理的离任以及过多资金涌入的影响。

基金业绩为何短期持续，而长期反转？伯恩哈特等（Bernhardt et al.，2008）用理论模型对这貌似矛盾的实证经验提供了一致的解释。其构建了互助基金经理季度末投资决策的模型，证明投资者通过投入更多资金奖励那些绩效较好的基金，在季度末基金经理有激励扭曲投资策略更多地持有资产组合中比重较大的股票。交易的短期价格冲击提高基金报告收益，吸引更多投资流，进一步允许基金在下季度末实施更多的投资扭曲。由于交易的价格冲击是短期的，接下来的季度总是伴随着更多的收益赤字。最终，收益赤字无法克服。

吉尔斯等（Giles et al.，2002）对英国与美国的开放式基金业绩持续性研究进行了系统的述评，首先，发现英国与美国的相关研究显示基金业绩确实存在持续性，开放式基金历史业绩中确实包含有价值信息；其次，基金优秀业绩持续性较弱，而基金差业绩持续性较强；最后，大多数文献从基金经理能力的角度考察业绩持续性，较少从投资者的角度研究其如何利用历史业绩信息。投资者不成比例地花费大量时间研究优良业绩组基金历史业绩，事实上优良基金历史业绩信息预测能力很弱，与此同时投资者一直持有业绩表现不佳的基金，其实早该抛售此种基金，因为差业绩基金业绩持续性更强。

英国开放式基金业绩持续性相关研究表明，无论考虑存活者偏差或是应用各种方法进行风险调整，开放式基金优秀业绩很少能持续，而差业绩具有很强的持续性。

各年研究成果汇总如表2.2所示，由于研究成果大多在2000年以前，新近研究成果只有2008年一篇，此处不再分别概述。

表 2.2   英国开放式基金业绩持续性研究成果汇总

作者	发行年份与样本范围			方法			结果
	年份	期间	基金样本	风险或其他调整	持有期	存活偏差	持续性
奎格利等（Quigley et al.）	1998	1978～1997	增长、收入	是、不是	每年	有	是，差的更强
布莱克等（Blake et al.）	1998	1972～1995	2300	是	36个月	有	是，无存活偏差强

续表

作者	发行年份与样本范围			方法			结果
	年份	期间	基金样本	风险或其他调整	持有期	存活偏差	持续性
布莱克等 (Blake et al.)	1998	1972～1995	2300	是、不是	24 个月	有	是
艾伦等 (Allen et al.)	1999	1989～1995	131 管理	是、不是	1 年	无	是，即便考虑风险
卡恩伯森等 (Cuthbertson et al.)	2008	1975～1902	股票	是，四因素	1 年	无、有	无，差业绩有
弗莱契尔 (Fletcher)	1997	1981～1989	101	是	5 年与 2 年	部分	无
弗莱契尔 (Fletcher)	1999	1985～1996	85	是、不是	每年	无	无
WM 公司	1999	1979～1998	成长、固定	无	5 年	无	无
罗德斯 (Rhodes)	2000	1980～1998	成长、固定	是	2 年	有	无，1987 年前弱，后无

资料来源：笔者归纳整理。

国内与开放式基金业绩持续性相关的研究近年来也日益受到学界的关注。纵观国内基金业绩持续性相关文献（见表 2.3）可以看出，与国内封闭式基金业绩持续性相比（12 篇文献中有 7 篇证实业绩持续性），开放式基金业绩整体上持续性较差（17 篇文献中仅有 6 篇），且主要以短期为主，样本区间上要集中在 2004～2007 年，有两篇文献还发现开放式基金业绩出现反转。

从研究方法上来讲，虽然国内已应用扫描统计量（李德辉等，2006；何晓群等，2008）、多期横截面回归（李学峰等，2007）、列连表与卡方检验等（刘建和等，2008）、赢家输家组合（刘翔等，2008）、参数检验（宫颖华等，2008）、统计指数法和多元回归方法（宋文光等，2009）、DEA（赵等，2007）、三因子与联立表（任杰，2007）等方法，但是与美国已有文献相比，还存在很大不足，鲜有应用四因素法、贝叶斯度量方法、阿尔法及贝塔值法进行业绩持续性研究。在样本区间与样本处理上，国内文献也存在很大不足，基本上没有考虑存活者偏差影响，没有分别考察好业绩与差业绩持续性，而且样本区间非常短，这有待于进一步研究。

一些文献考虑了基金风格（何晓群等，2008），不同持有期，例如季度、半年、一年半等（宫颖华等，2008），业绩波动性（刘建和等，2008），基金费用率、换手率、存续期与规模（宋文光等，2009）等对基金业绩有持续性的影响。

部分文献还探讨了业绩持续性的原因，发现与国外研究不同，股票惯性对基金业绩持续性有负的影响；基金业绩持续性与投资风格有关系；而且波动小的基金业绩持续性较好。成长型投资风格、单个基金评价期内的持股集中度也是影响基金业绩持续性的重要因素（薛泽庆，2009）。除此以外，根据封闭式基金业绩持续性较强而开放式基金较弱可知，基金规模变动（在业绩优秀时大量资金涌入）可能是影响基金业绩持续性的一个重要因素。申晓航等（2008）发现国内绝大多数研究证实开放式基金业绩缺乏持续性，业绩持续性与选择基准、数据样本、方法有关。中国开放式基金的相关文献汇总如表 2.3 所示。

表 2.3　　　　　中国开放式基金业绩持续性研究结果汇总

作者	发行年份与样本范围		方法		结果
	年份	期间	基金样本	风险或其他调整	业绩是否持续
			中国基金业绩持续性证据		
吴启芳等	2003	1999~2001	封闭式	三种基准	中长期有，短期与更长期无
吴启芳等	2003	1999~2003	封闭式	回归计算和拟合投资组合	绝对、相对业绩中长期都有，受基准与收益率计算方法影响，计算期比持有期长时，规律性相对更强，反之，规律性减弱
胡畏等	2004	1999~2002	封闭式	不同的常见指标	短期无、中长期有
庄云志等	2004	1999~2003	封闭式	回归系数法、绩效二分法和动量检验方法	中长期有
时希杰等	2005	2003 年 5 月~10 月	封闭式	业绩持续聚类	大约15%基金
刘建和等	2007	1999~2004	封闭式	列连表、卡方检验、截面回归	有一点，随时间越来越弱化

续表

作者	发行年份与样本范围		方法		结果
	年份	期间	基金样本	风险或其他调整	业绩是否持续
中国基金业绩持续性证据					
李敏	2008	2003～2006	封闭式	绝对、相对业绩	绝对业绩与相对业绩都有，剔除股票惯性更强
李德辉等	2006	2001～2005	开放式	扫描统计量	部分基金有
李学峰等	2007	2005～2006	开放式	多期横截面回归	有，价值型投资风格与规模有正的影响
何晓群等	2008	2004～2006	股票、混合、货币型	扫描统计量	都有，与基金类型有关
刘建和等	2008	2002～2006	开放式	列联表、卡方检验等	整体上较差，波动性小的基金较好
刘翔等	2008	2002～2007	开放式	赢者、输者组合	一年期有，随后减弱
杨华蔚	2008	2004～2008	开放式	列联表和横截面回归	2004～2005年有，其他阶段无，牛市转为震荡时，业绩反转
宫颖华等	2008	2005～2007	开放式	参数检验	短期内较强
宋文光等	2009	2005～2007	开放式	统计指数法和多元回归方法	部分基金较强，基金费用率影响最大，换手率次之，基金存续期第三
中国基金业绩非持续性证据					
何军耀等	2004	2000～2002	封闭式	独立性检验、自相关系数检验	无
赵旭等	2004	2000～2002	封闭式	DEA	无
李昆等	2005	1999～2003	封闭式	横截面回归	无
肖燕飞等	2005	2001～2003	封闭式	夏普指数与特雷诺指数	无
徐琼等	2006	2001～2002	封闭式	业绩相对排名法	无
李宪立等	2007	2001～2004	封闭式	回归分析的多期基金业绩持续性评价	无，短期反转，不同方法结果不同
赵等	2007	2004～2005	封闭式、开放式	DEA	无

续表

作者	发行年份与样本范围			方法		结果
	年份	期间	基金样本	风险或其他调整		业绩是否持续
中国基金业绩持续性证据						
周泽炯等	2004	2002~2004	开放式	横截面回归和 Z 检验、Yates 连续修正卡方检验及 Fisher 精确检验		无
肖奎喜等	2005	2002~2004	开放式	绩效二分法和横截面回归方法		短期，而且出现反转
虞红霞	2005	2000~2002	开放式	索地诺比率		中短期无
王向阳等	2006	2003~2005	开放式	列连表、动量检验法		无
龚亚萍	2007	2002~2007	开放式	列联表分析、横截面回归和卡方检验		较差
任杰	2007	2004~2006	开放式	三因子与联立表		短期、长期都无
王思为	2007	2004~2006	开放式	斯皮尔曼检验		否
白春宇	2008	2001~2005	开放式	自相关系数检验		短期内无
中晓航等	2008	总结发现国内绝大多数研究证实开放式基金业绩缺乏持续性，业绩持续性与选择基准、数据样本、方法有关				
薛泽庆	2009	应用逐步回归法发现，开放式基金成长型投资风格与持股集中度影响业绩持续性				

资料来源：笔者归纳整理。

2.1.1.3 小结

根据标准金融理论与对美国、英国与我国开放式基金业绩持续性相关文献的总结，可以发现大多数研究证实不在同一样本区间、不同基金风格、不同研究方法以及有无存活者偏差，基金业绩都存在不同程度的业绩持续性。基金优秀业绩总体上持续性较差，而差业绩持续性较强，大多数基金仅在短期内保持业绩持续性。

从业绩持续性原因上来讲，研究方法、市场基准选择、存活偏差、税收、基金样本区间、规模与风格、成立年限、持有期、资产风险等都会对业绩持续性造成一定影响，风险大的基金业绩持续性反而较好，规模大与规模小的基金业绩持续性较差，基金税后收益持续性较好，老基金与股票基金业绩持续性较好等。

对于基金业绩短期持续而长期非持续的原因，相关文献认为，基金经理变动率与赢家基金资金的大量流入是基金业绩非持续性的重要原因。

由于基金差业绩持续性更强，开放式基金投资者应该不申购或者立即赎回业绩较差基金组。由于基金优秀业绩难以持续，投资者不应该追逐历史业绩优秀的开放式基金组，只能将其优秀历史业绩作为参考，而不能作为投资决策的决定因素，还应结合支出比、经理是否变动、基金资金流变动情况进行综合考察。

考虑到国内开放式基金业绩持续性较差而且经常出现反转，中国开放式基金投资者如果出于短期投资目的，可以考虑申购或持有历史业绩较差的基金，而赎回历史业绩优秀的基金。除此以外，由于国内开放式基金成立时间短，样本空间非常有限，因而有待于应用新的样本对基金业绩持续性进行进一步检验。

2.1.2 行为金融理论中的投资者决策分析

尽管较少的证据支持基金优秀业绩的持续性，国外大多数研究发现，开放式基金投资者偏好于追逐过去的赢家基金。标准金融理论与业绩持续性假说无法对此进行完全解释。

随着研究的深入，国外学者在实验或实证中发现，投资者的选择行为并不总是符合投资者理性假设，例如股票投资者过度交易、投资分散化不足、处置效应等。在这种情形下，结合心理学、社会学对投资者心理的研究成果，行为金融理论应运而生。

行为金融与标准金融的分歧之处主要表现在以下三个方面：（1）标准金融以规范分析方法为主，通过偏好公理以及理性经济人假定等严格假设进行演绎推论。而行为金融则主要以实证分析方法为主。（2）标准金融理论建立在理性经济人假设基础上，而行为金融理论建立在心理学基础上，其心理学证据并不支持理性经济人假设。（3）标准金融理论构建了一种较为精确、逻辑严密的分析框架，有利于推动金融理论的发展与创新，但是其假设过于严格，对于一些金融现象往往无法解释；而行为金融理论由于扎根于心理学实验或者金融市场，与实际较为接近，对金融现象具有更强解释力，但是其理论逻辑体系尚需进一步的完善。从行为金融理论有关投资者行为的理论来看，在投资者"理性"问题上，行为金融具有独特的观点。

如前所述，标准金融理论中关于投资者是"完全理性"的，具有两个方面的含义：（1）投资者根据贝叶斯法则更新自己关于资产或投资的主观概率（信念）；（2）投资者风险规避，根据期望效用最大化进行选择（偏好）。

行为金融理论正是按照以上两点来驳斥标准金融理论理性经济人的观点。特沃斯基和卡尼曼（Tversky and Kahneman，1974）指出，投资者在复杂的、不确定性环境进行决策时，通常并不严格按照贝叶斯法则更新自己的信念，而是根据直观推断或直觉经验进行。例如，代表性启发（representiveness heuristic）——人们之所以会选择历史业绩优秀的基金，是因为他们以为过去的小样本事件能代表事件的未来概率分布，因而会将基金历史业绩延展到未来，尽管基金业绩可能并不具有持续性；又例如，过度自信（overconfidence）——人们总是特别相信自己看到、听到或是搜集到的信息；又如自我归因偏差（self-attribution bias）等；除此以外，投资者通常关注收益而较少注意风险，因而对于风险调整收益相同的投资，投资者通常选择历史收益较高同时风险也较高的基金，而忽视那些收益一般、风险较小的基金；基金投资者仅仅关注基金收益而较少关注支出比；这些直观判断会产生许多系统性偏差。

此外，基金投资者在赎回决策时并不总是按照期望效用最大化进行决策，其风险偏好并非固定不变。与期望效用理论相对应，特沃斯基和卡尼曼（1979）提出了前景理论（prospect theory）。他们指出，投资者并不是按照绝对收益进行决策，而是根据账面收益相对参照点（通常是投资成本）的盈利与亏损进行决策；在账面盈利与亏损时表现出的风险态度截然不同，在盈利区间表现出风险厌恶，而在亏损区间表现出风险喜好；投资者以决策权重代替主观概率进行判断，权重函数是非线性的。根据上述理论，基金投资者在面对基金业绩时，可能根据基金业绩相对于参照点（通常是申购成本）的状况进行决策，当账面盈利时，投资者表现出风险规避，而账面亏损时表现出风险爱好，投资者的效用函数是非线性的。

对于偏好问题，冯诺依曼和摩根斯顿（1944）还有一个重要的假定是，备选方案的不同陈述方式不会改变投资者偏好。但是行为金融实验中却发现，偏好变化中30%~40%是由于陈述方式不同所导致——框架理论（framing），当面临两个结果完全相同但表述方式不一的投资选择，投资者通常选择表述方式贴近其生活习惯、思维方式、价值观念等的那个选择，而不是任选其一。

投资者具有不同于理性经济人的决策心理，因而在投资上表现出标准金融理论所不能解释的金融异象：例如处置效应[①]（Shefrin et al.，1985）——投资者在基金账面盈利时总是尽快赎回而在账面损失时却继续持有，期待翻盘；投资分散化不足[②]；过度交易等。

2.1.3　评论

从投资者决策的理论回顾可知，标准金融理论以期望效用理论为基础，假定投资者是完全理性的；投资者的期望效用决定于收益与风险。如果基金业绩具有持续性，那么投资者就可以根据基金历史业绩推断未来收益，从而提高投资者效用或者减少损失。

但是，基金业绩持续性的相关理论研究表明，赢家基金的短期持续性只获得了部分文献支持，而更广泛的证据支持输家基金具有更强的业绩持续性。由此，标准金融理论并不能完全解释美国基金投资者的业绩—追逐行为。另外，历史业绩较差基金的未来业绩却可以更好地预测。因此，精明投资者虽然难以通过购买优良历史业绩的基金获取超额收益，但是至少可以避免购买或持有基金业绩差基金。

部分文献对基金优秀业绩不具有持续性原因进行了进一步探讨，认为基金业绩不具有持续性是因为基金规模收益递减。当基金历史业绩优秀时，由于大量新投资流涌入，基金经理必须提供更多的投资方案，因而基金优秀业绩难以维持，恰恰是资本供给市场完全竞争的结果。进一步来说，一些文献还发现基金业绩之所以难以维持，除了与资金流入有关，还与基金经理的频繁更替有关。因此，如果能控制基金规模，防止基金经理的频繁更替与跳槽，基金历史业绩的预测能力将会增强。

行为金融理论针对标准金融理论在理性经济人假设（信念、偏好）的缺陷，根据金融市场的异常现象以及心理学、社会学的心理实验成果，构建了一套新的理论体系。关于信念，投资者在复杂的不确定性环境进行决策时，通常并不严格按照贝叶斯法则更新自己的信念，而是根据直观推断或经验法则进行。这可简化决策过程，但也容易导致各种系统偏差（代表性偏差、过

---

① 即投资者过早地卖出盈利股票而过久地持有亏损的股票。
② 表现出"本地偏好"与"本国偏好"。

度自信等）。在偏好与效用方面，行为金融学认为投资者并不是根据期望效用最大化进行决策，其风险态度与账面盈利或亏损状况有关，通常根据前景理论中的非线性效用函数进行决策。投资者偏好还受陈述方式影响，具有框架偏差。由于信念、偏好与标准金融理论不一样，投资者经常表现出标准金融理论所不能解释的现象，例如分散化不足、过度交易等。根据行为金融理论，基金投资者可能并不看重业绩持续性，其之所以对基金业绩敏感，是因为投资者的注意力与参与决策范围有限，那些差业绩或者强业绩更能吸引其注意力，因而投资者表现出追逐—历史赢家基金行为。此外，投资者存在代表性偏差、后悔厌恶等心理，也会使其对基金历史业绩作出反应。

由标准金融与行为金融理论的比较可以看出，放松标准金融的假设，吸收行为金融理论的长处，将两者进行融合有利于更好地解释基金投资者的决策行为。

2.2　基金 FPR 理论研究述评

投资者申购、赎回对基金业绩反应方式存在不同，我们分开阐述基金业绩对投资者申购、赎回的作用机制。

2.2.1　投资者申购与业绩关系的理论述评

投资者为什么要根据基金业绩作出申购决策？从现有文献来看，主要有以下三个大的方面理论文献，分别是标准金融理论、行为金融理论、消费者行为理论。标准金融理论的文献主要包括业绩持续性假说、搜寻成本说；行为金融理论相关文献主要包括代表性启发式偏差、有限注意力等理论；从消费者理论来看，基金业绩既是最重要的信息来源，又是最重要的筛选标准。

2.2.1.1　标准金融理论的分析

根据基金业绩持续性的相关结论，基金优秀业绩具有一定短期持续性，而差业绩持续性更强。在排除基金经理频繁跳槽以及资金流涌入导致的规模收益递减因素下，基金业绩持续性还会增强。基于业绩持续性信念，投资者申购历史业绩优秀的基金，不申购历史业绩较差的基金，这至少在短期是可行的策略。

搜寻成本说是业绩作用于投资者申购的另一个重要解释，可以视为扩展的标准金融理论。标准金融理论假设，信息获取完全免费，而事实并非如此。部分文献放松标准金融理论中搜寻成本、信息成本为零的假设，将假定信息成本不为零纳入传统标准金融理论框架——拓展的标准金融类理论。他们认为，投资者之所以根据基金历史业绩申购，是因为购买基金的搜寻成本、信息成本非常高昂（costly search），根据基金历史业绩选择基金可以大幅度简化搜寻过程、降低搜寻成本。

由于可供选择的基金数量非常多，完全理性地选择基金需要对各个基金进行全面的度量、比较、筛选，为降低搜寻成本、简化筛选过程，投资者往往根据广告、市场营销、历史业绩等相对容易获得的信息进行决策（Hsee et al.，1999），依据基金历史业绩选择是最优的选择（Gruber，1996）。基金销售投入越多，降低搜寻成本越明显，投资流对基金业绩越发敏感（Sirri et al.，1998）。

2.2.1.2　行为金融理论的解释

巴伯等（Barber et al.，2000）研究了互助基金投资者的行为，他们使用美国 30000 个家庭 1991 ~ 1996 年的申购赎回数据，发现投资者喜欢购买历史业绩强的基金，1/2 以上的基金购买发生在年收益排名靠前的基金组。他们用代表性偏差解释投资者购买历史业绩优秀的基金。

进一步来说，投资者申购基金对不同形式支出敏感性不一样，他们用框架理论对此进行解释。在业绩持续性条件下，申购历史业绩优秀基金时忽视其运营支出比的行为，很显然无效率。

巴伯等（2003）认为，投资者购买基金的决策主要受一些主要的、吸引注意力的信息所影响。投资者对主要的面对面信息，例如前端费率、佣金更敏感，相对于运营支出，他们更可能购买那些通过卓著业绩、广告或促销吸引人们注意力的基金。他们发现投资流与前端费用、经纪人收取的佣金负相关，而与经营成本不存在显著相关关系。进一步分析表明，广告、促销成本通常暗含在经营支出内，因而具有这样的结论。

与期望效用理论不同，克里格等（Kliger et al.，2003）运用主观条件概率与主观风险规避解释基金投资者的申购决策。投资者根据历史业绩的代表性赋予其相应权重，当投资者认为历史业绩代表性很强时，主观条件概率大于客观条件概率，而当投资者认为历史业绩代表性较弱时，则恰好相反。主观风险规避说明投资者的风险规避态度受历史信号的影响，当历史信号有利时，投资者风险规避态度降低因而提高投资水平，而当历史信号不利时，投资者风险规避态度提高因而降低投资水平。

巴克罗等（Baquero et al.，2008）发现，信奉小数法则的投资者倾向于在一系列观测值以后，过度推断随机过程的结果，误以为小样本可以代表总体的概率分布。

巴利等（Bailey et al.，2009）考察了行为偏差效应对基金投资者的影响，利用美国普通股票投资者数据，定义了大量行为偏差的代理变量并测度投资者过度自信、处置效应、狭窄框架、本地基金偏好以及投机证券偏好等。他们发现具有行为偏差的投资者喜好投资于积极管理基金而不是指数基金，喜欢高支出的基金，喜欢过度交易，其选时能力较差因而投资收益较差。投资者还表现出非常强烈的趋势追逐行为，虽然这可能缺乏理性。

2.2.1.3 消费者（consumers）行为理论的解释

按照消费者行为理论，个人购买决策过程包括三个重要内容，分别是信息来源、选择标准与购买决策过程。顾客根据内部信息源（例如以往的经验）与外部信息源（广告、产品说明、报刊文章）搜集互助基金的信息。在拥有这些信息以后，投资者对基金的产品与服务性能（如价格、业绩、服务水平等）形成一个概念框架，根据筛选标准去选择不同基金。信息源与筛选标准截然不同，但联系密切，两者与投资者购买决策密切相关。为了预测购买行为，大量顾客行为研究的文献聚焦于研究信息源与筛选标准，以及两者的相互作用。

卡彭等（Capon et al.，1996）研究了信息源与选择标准的相互作用，以及两者如何作用于不同投资者的购买决策。从其研究结果（见表2.4）可以看出，虽然影响基金投资者的购买决策除了基金历史业绩以外还有其他因素（如广告），但是基金业绩是最重要的因素：一方面基金业绩是投资者最重要的信息来源，由表中可以看出投资者对业绩排名的平均评分为4.57分，几乎接近满分5分，远比广告、金融推荐、研讨小组等信息源都重要；另一方面基金业绩是投资者最重要的筛选标准，投资者对基金历史业绩的评分平均为4.62分，也接近满分5分，比基金经理声誉等其他因素要重要。通过以上分析可知，基金业绩之所以影响投资者申购，是因为投资者认为基金业绩是重要的信息来源，包含着有价值的信息，而且基金业绩历史记录是投资者选择基金最重要的标准。

表 2.4　　　　　　　基金投资中信息来源与筛选标准的重要性排名

信息来源	均值	标准差
出版的业绩排名	4.57	0.73
广告	3.13	1.21
收佣金的金融推荐	2.60	1.59
研讨小组	1.89	1.34
朋友或家庭推荐	1.74	1.05
商业协会推荐	1.56	0.85
收费的金融建议	1.34	0.91
书籍	1.17	0.63
直接邮件	1.11	0.42
筛选标准	均值	标准差
投资绩效的历史记录	4.62	0.64
基金经理的声誉	4.00	0.77
基金公司基金数量	3.94	1.06
对咨询的响应	2.30	1.08
管理费	2.28	1.31
投资管理风格	1.68	1.12
核算、佣金	1.38	0.92
机密性	1.35	0.83
社区服务或慈善	1.09	0.48

注：采取 5 分制排名：1 表示非常不重要，5 表示非常重要；每个变量在 0.01 上显著不同于其相邻变量。资料来源于卡彭等（1996）。

2.2.1.4　评论

按照标准金融理论，投资者之所以根据基金业绩进行决策，是因为基金业绩具有持续性，历史业绩可以预测未来业绩；此外，完全理性地选择基金是一个高成本的过程，根据历史业绩选择基金可以降低搜寻成本，提高申购基金效率。

行为金融理论则认为，投资者之所以选择历史业绩优秀的基金进行申购，是因为投资者的注意力有限、参与能力有限，那些最优秀或者最差业绩的基金最能吸引投资者的注意力。此外投资者通常具有代表性启发偏差——以为过去业绩优秀的基金未来也会优秀，尽管事实上基金业绩并不具有持续性。

根据消费者购买理论，基金业绩之所以影响投资者的决策，是因为基金历史业绩是投资者最重要的信息来源，同时也是最重要的投资者筛选标准。

2.2.2 投资者赎回与业绩关系的理论述评

投资者赎回与业绩关系的相关理论解释，主要包括期望效用与业绩持续性假设、前景理论、委托代理理论、外部性理论等。

2.2.2.1 期望效用理论与业绩持续性的解释

在期望效用函数中，基金投资者的两个决策变量是基金业绩与风险，投资者以期望效用最大化为目标。在风险不变的情况下，未来期望收益越高，则投资者期望效用越高。由于优良业绩持续性已获得部分证据支持、差业绩持续性获得广泛支持，因而在一定程度上可以认为，历史业绩优秀的基金，带给投资者的期望效用较高，继续持有是比较理性的选择，而历史业绩较差的基金带给投资者的期望效用将会降低，因而投资者应该及时赎回。

2.2.2.2 行为金融理论的解释

与期望效用理论不同，前景理论认为基金投资者的效用函数呈"S"形，在盈利区间为凹函数，而在亏损区间为凸函数。投资者期望效用与基金收益相对于某一参照值（例如投资机会成本）有关，风险偏好是非线性的，在盈利区间风险规避，而在亏损区间表现出风险爱好，这是因为投资者具有后悔厌恶的心理偏差。按照前景理论，投资者会赎回优秀业绩的基金，表现出处置效应（Shefrin，1985），而继续持有差业绩的基金，因而基金投资流与业绩的关系呈非线性关系，在高收益区表现为凹性正相关关系，而在低收益区表现为凸性负相关关系。

巴伯等（2000）也发现投资者喜欢赎回历史业绩强的基金，不愿卖出损失的基金投资，大约40%的基金赎回发生在年收益排名靠前的基金组中，投资者对基金支出的形式很敏感。他们用处置效应解释投资者的赎回，用框架理论解释投资者对不同形式支出的敏感性。在业绩持续性条件下，投资者购买历史业绩优秀的基金可以视为是理性的，但是卖出账面盈利基金以及申购历史业绩优秀基金时忽视其运营支出比的行为，很显然是非理性的。

2.2.2.3　委托—代理理论

与股票投资者不一样，基金投资者并不直接投资股票，而是委托基金进行，投资者与基金之间存在委托代理关系。基金投资者与管理者的利益目标通常不一致。投资者关注的是基金净值，而基金管理者按照基金资产管理规模提成，由于管理费率一般固定不变（国内大多数为 1.5%），因而基金经理想方设法吸引投资流。在美国等成熟市场国家，以业绩为纽带，基金投资者与基金经理的目标基本达成一致。但是在国内，基金经理与投资者的目标常常不一致。基金经理为了提高管理收入，不惜投资于高风险的资产组合提高短期收益，或者频繁短线操作或者采取大额分红，以吸引投资者。由此带来的结果是，投资者的风险调整收益并不好，或者投资者只获得了短期收益。由于投资者较为分散，单个投资者试图监督基金经理的行为必须支付昂贵的成本，因而当基金业绩下滑时，基金投资者通常赎回基金，"以脚投票"，表达自己对基金经理的不满。

2.2.2.4　外部性理论

开放式基金是一种集合投资理财产品，将分散的资金集合起来，委托基金经理进行专业化投资管理。开放式基金有义务保证投资者随时赎回的需求，当赎回需求很大时，基金只得变现有盈利前景的未到期资产而遭受流动性损失。艾德伦（Edelen，1999）发现，开放式基金投资者的流动性会对基金业绩产生负的间接成本，他发现控制这种间接成本后，基金平均异常收益从每年显著的 -1.6% 上升到 -0.2%，这同样解释了其他文献所发现的基金具有负的选择能力。

由于开放式基金的以上特点，其赎回机制存在一个固有的缺陷：如果基金收益大于平均未到期收益，先赎回的基金投资者会对剩下的其他投资者产生负外部性——稀释作用（李曜，2004）。设置短期的赎回费可以有效缓解赎回的负外部效应，例如，纳尼吉安等（Nanigian et al.，2008）发现美国基金公司近些年越来越普遍收取短期赎回费率。而林奇等（Lynch et al.，2007）发现这种赎回费并不会伤害长期投资者的收益。

2.2.2.5 税收动机

在国外成熟市场国家，对基金投资者征收资本利得税，业绩越好，投资者缴纳的资本利得税越高，而业绩越差，投资者的资本利得税越少。这样，当基金业绩变化时，努力避免缴纳过多的税收是投资者赎回的重要动机。国内目前尚未对基金投资者征收资本利得税，因而其暂时可能不发生作用。

2.2.2.6 评论

以上分析了基金业绩作用于投资者赎回的几种机制，注意到这些机制在作用方向上可能相同或相反，例如期望效用理论的业绩持续性假说、委托代理理论、税收动机会使投资者赎回业绩较差基金而继续持有业绩好的基金，而前景理论、外部性理论则恰好相反，基金业绩究竟如何影响投资流的变动，取决于这几种机制的综合作用。一般而言，前景理论的处置效应与后悔厌恶与期望效用理论中的业绩持续性是影响投资者赎回最重要的两种机制。此外，从前景理论的作用机制可以看出，投资者根据业绩的赎回行为具有非线性特征，在高收益与低收益区表现不一样。这些理论上的假设有待于实证的进一步检验。

2.3 基金 FPR 实证研究述评

在实证上，国外对开放式基金 FPR 已进行详尽的研究，主要聚焦于基金投资者业绩—追逐行为或 FPR 的凸性上。早期 FPR 文献主要考察基金绝对业绩对净赎回的影响，其后进一步分开考察了其对申购、赎回的影响，以及剥离投资流持续性后基金 FPR 是否变化，部分文献也开始探讨基金相对业绩对投资者净赎回、申购、赎回的影响。相比而言，国内基金 FPR 相关文献才开始，仅考察了基金绝对业绩对净赎回的单向影响，并且结论与国外恰好相反。

2.3.1 国外基金 FPR 实证研究述评

2.3.1.1 绝对业绩对净赎回影响实证研究

早期的相关文献主要从绝对绩效视角研究了基金业绩与净赎回的关系。

其主要结论是投资者投入资金奖励业绩佳的基金，却并不从业绩差基金撤出资金对其施以惩罚，资金流入、流出对业绩具有非对称反应，基金 FPR 是凸性正反馈关系。他们对此的解释是，投资者只通过申购或者不申购对业绩作出反应，赎回对业绩并不敏感。由于上述文献仅研究了净赎回与业绩的变动关系，没有进一步分别研究投资者申购、赎回如何随业绩变动，因而其解释仅是一种推测，并不一定与实际相符。根据美国投资公司协会（invest company institute，ICI）2008 年数据，投资者申购、赎回量同样巨大，但净赎回却较小，因而仅研究业绩对净赎回的影响，掩盖了投资者申购、赎回的许多重要信息。这些文献主要又可以分为以下两个方面。

投资流的业绩—追逐行为，是因为基金经理存在投资管理能力差异或者基金业绩具有持续性。

最早从绝对业绩视角探讨基金 FPR 的两篇经典文献是伊波利托（Ippolito，1992）和格鲁伯（1996）。伊波利托（1992）通过总结 1962～1991 年基金绩效相关研究，发现市场确实存在胜任与不胜任基金，开放式基金有可能通过发现与加工信息获取超额收益，投资者对过去业绩强烈反应，使差业绩基金难以获取投资流。格鲁伯（1996）指出，由于开放式基金按照净值与投资者结算，基金经理投资管理能力没有在基金份额价格中体现出来，因而基金历史业绩可以预测未来业绩，精明的投资者根据基金历史业绩投入或撤出资金。其实证结果表明，资金流入优秀业绩基金要多于资金流出差业绩基金。这是因为基金投资者中存在劣势投资者，他们无法将资金撤出差业绩基金，但可以将资金投入优秀业绩基金。精明投资者能获取超额收益，但劣势投资者收益较低。由于精明投资者无法卖空差业绩基金，因而无效率业绩基金难以消除。

随后，维尔莫斯（2001）运用新的数据库既考察了基金净收益也考察了基金持股阶段，发现在下年的业绩表现中，上年赢家基金比上年输家基金每年净收益高 5%，比市场参照标准高 2%。赢家基金在接下来的 2 年内能持续击败输家基金。赢家基金在次年资金净流入每年增加 20%～30%，而输家基金资金流出每年增加 2%～6%。克拉克斯基（Karceski，2002）构建了一个模型，其中基金投资者的业绩—追逐行为致使贝塔值不按照标准 CAPM 理论定价。基金投资者的业绩—追逐行为，导致在时间上随着市场猛然上涨后非正常的大量资金流入，在横截面上导致业绩最好的基金业绩组获得了基金行业内大部分资金。这种互动的 FPR 关系导致了基金管理者收益的非对称性，因而基金经理有激励考虑如何击败同行。由于高贝塔值基金在股市上升倾向于胜出同行基金，积极基金经理将资产组合投向于高贝塔值股票，在均衡时降低了风险溢价。为了支持时间序列上的 FPR 假设，他们进行了实证检验，发现市场收益对随后的投资流确实具有很显著的经济作用。

林奇等（Lynch et al.，2003）构建的模型预测，基金改变投资策略仅发生在基金业绩较差时，因而基金差业绩不会一直持续，改变投资策略的差业绩基金会获得资金流。实证结果发现基金资金流与过去收益凸性正相关，证实了其预测。

菲奥塔基斯等（Fiotakis et al.，2004）实证发现基金投资者并不追逐优秀历史业绩基金，但是喜欢选择当期优秀业绩的基金，而且其交易行为不影响基金业绩，实证结果表明投资者在选择基金时是非理性而且无效的。说明投资者搜集与分析信息能力较弱，主要以短期投资为主。

兰加纳坦（Kavitha Ranganathan，2007）以问卷调查的形式考察了印度基金投资者的选择行为，发现基金投资者最重要的偏好特征按顺序依次是收益、安全、流动性，良好的收益是基金偏好特征中最重要的一项。

西格德森（Sigurdsson，2007）发现历史绩效与资金流的关系符合理性证券组合模型，模型中的主要决定因素是互助基金新资金的流入，当新资金流入较高时，FPR 曲线变得陡峭，这表明新资金流更加追逐历史业绩优秀的基金。

加尔各里等（Gharghori et al.，2007）发现澳大利亚基金存在"聪明钱效应"而且股票收益动量与基金规模都不能解释。同时，其横截面分析表明基金投资者偏好追逐历史业绩优秀基金而且基金业绩具有持续性，他们没有证据支持投资者寻找采用动量策略的基金。

亚当斯（Adams，2007）发现经理的阿尔法值随时间趋近于0，投资者不太可能找到能持续创造显著超额风险调整收益的基金经理。他进一步发现基金经理可以通过降低投资风险的方式提高阿尔法与持续性，而且基金成立时间与阿尔法负相关。由于基金经理阿尔法不具有持续性，投资流不会对其作出反应。

黄等（2007）首次系统地证实投资流与历史业绩正相关符合投资者学习假设。投资者对波动的历史业绩反应较弱，历史业绩波动的潮湿效应（dampening effect）在年轻基金中更加明显。这进一步支持投资者从历史业绩中获悉基金管理者事后的能力，与贝叶斯估计相吻合。这种结果在包含精明投资者与天真投资者的负荷、非负荷基金，明星与非明星基金是稳健的。

伯恩哈特等（2008）构造了互助基金经理在季度末投资决策的模型，发现投资者通过投入更多资金奖励优秀业绩基金，在季度末基金经理有激励扭曲投资策略更多地持有资产组合中比重较大的股票。股票交易的短期价格冲击提高了基金的报告收益，更高的收益吸引了更多的投资流；反过来，允许基金在下季度末实施更多的投资扭曲。由于交易价格冲击是短期的，接下来的季度总是伴随着更多收益赤字，最终赤字无法克服。因而基金优秀业绩能短期持续，但会长期反转，这对基金绩效貌似矛盾的实证依据提供了一致的解释。

部分文献发现，基金业绩不具有持续性或者基金经理没有表现出经理能力，但是基金投资者仍然对基金历史业绩作出强烈反应。

杰恩和吴（Jain and Wu，2000）发现基金广告前的超额收益与基金经理能力无关，广告基金优良业绩不具有持续性。但是广告基金与控制基金相比，却能吸引更多的投资流。

阿加瓦尔等（Agarwal et al.，2005）考察了管理激励、能力、灵活性在对冲基金 FPR 中的作用。发现基金优秀业绩与对冲基金管理激励（期权式激励费用合约较大的 Δ 值与高水位标记提供）、管理灵活性（较长锁定期、告示、限制赎回期等）密切相关，历史业绩优秀基金能获得较高的投资流，但管理灵活性强的基金投资流较少。

巴克罗等（2006）发现投资者支持与不支持的风格指数基金在下期的绩效中没有显著差异，没有证据表明上期风格指数绩效包含未来风格基金绩效的信息。但是总对冲基金流显著的可以由过去一至三个季度的风格指数相对绩效解释，总资金流对过去的风格指数绩效具有很强的排序能力。

罗姆波提斯（Rompotis，2007）发现基金没有表现出持续的优于市场的风险调整收益，但是基金投资流与基金收益正相关。

亚当斯（2007）还发现尽管基金经理的阿尔法不具有持续性，但是投资者会根据基金的历史原始收益进行投资，而且偏好低波动风险与经验丰富的基金。

另一些文献还发现，基金净赎回对基金业绩反应与参与成本、份额申购赎回约束有关，而且投资者具有行为偏差，按时间顺序概述如下。

黄等（2007）发现参与成本较低的基金，其投资者对基金中等业绩反应较为敏感，参与成本较高的基金对高业绩反应更敏感。

戈里亚夫等（Goriaev et al.，2007）发现投资流对绩效的反应方式呈"驼背"形，即投资流对过去数月的绩效比最近的绩效要敏感。他们将其归因为基金投资者中缺乏及时更新信息的精明投资者。大多数投资者为高促销基金所吸引，当他们更新基金信息时，根据一个相对较长的区间来度量过去绩效，这与现有证据所发现的基金业绩仅具有短期业绩持续性相吻合。

森索（Sensoy，2008）发现美国大约有 1/3 的积极管理型基金喜欢在基金说明中设立并不与其投资风格相匹配的规模与价值、增长型等市场基准，以吸引投资流。投资流会对基金相对于这些"不匹配"市场基准的绩效作出积极反应，即使控制那些更能捕捉其风格的市场基准。投资流显然不是对市场异常收益的理性反应。

丁等（Bill Ding et al.，2008）发现对冲基金在申购、赎回、提前通知、锁定期限、份额限制等约束的情况下，投资流与业绩的关系呈凹函数关系；而没有约束的情况下，基金投资流与业绩呈凸函数关系。存活基金与已清算基金的 FPR 不一样。存活基金 FPR 呈凹性与优秀业绩基金经常对新投资者关闭、终止信息披露、具有更严格约束相一致。相比而言，已清算基金表现出凸性 FPR 关系，与其限制较少相一致。

巴克罗等（2008）相信小数法则的投资者倾向于在一小系列观测值以后，过度推断随机过程结果，认为小样品可以代表总体的概率分布性质。其实证结果表明投资者对过去业绩的响应很大程度上由小数法则的错误心理所驱动。投资者对基金历史业绩信号的准确顺序非常在意，以往的研究忽略了这一点，只是将年度内的绩效进行了简单加总。

巴利等（Bailey et al.，2009）考察了行为偏差效应对基金投资者的影响。他们利用美国普通股票投资者数据，定义了大量行为偏差的代理变量并测度投资者过度自信、处置效应、狭窄框架、本地基金偏好以及投机证券偏好等。发现具有行为偏差的投资者喜好投资于积极管理基金而不是指数基金；喜欢高支出的基金；喜欢过度较易；选时能力较差；投资收益较差；表现出非常强烈的趋势追逐行为，虽然这可能不太理性。

2.3.1.2 净赎回对基金绝对业绩反作用的实证研究

部分国外学者考察了基金投资流对基金收益的反作用，其结论是混合的，一些学者发现基金投资流对收益有正的贡献，例如艾德伦（1999）、维尔莫斯等（2003）；还有一些学者则证实投资流对收益有负的贡献，例如伯克等（2002）；其他少数学者证实，在使用衍生工具时基金投资流对基金绩效没有显著影响，例如费力诺等（Frino et al. , 2006）。

基金投资流对收益有正的贡献的有以下文献。

艾德伦（1999）发现开放式基金投资者的流动性会对基金业绩产生负的间接成本，控制这种成本后，基金平均异常收益从每年显著的 -1.6% 上升到 -0.2% ，这同样解释了其他文献所发现的基金具有负的选择能力。维尔莫斯等（2003）发现基金业绩具有多年的持续性，这是因为投资者追逐上年赢家基金，基金经理将投资流投入动量股票组合，如此循环。相比而言，失去资金的基金经理因为处置效应不愿赎回资产再投资于动量股票组合。因此，动量股票持续将赢家基金与输家基金区分开来。徐（Xu, 2007）发现在所有基金中，32% 的基金表现出处置效应，其业绩比没有处置效应的每年低 4% ~ 6% 。本森等（2008）考察了基金净赎回与业绩的内生关系以进一步理解基金 FPR 关系，他们发现当前收益对投资流有正的冲击，表明投资者对业绩信息反应非常迅速，此外，与规模不经济相一致，投资流对大基金与明星基金的业绩作用为负。其模型考虑了基金特征与市场状况的影响，剥离了 2003 年卷入基金晚交易丑闻的基金。彼得森等（Peterson et al. , 2009）发现最近大的净赎回发生率影响当期税后收益。拉科夫斯基等（Rakowski et al. , 2009）用 VaR 分析了投资流与基金收益的互动关系，发现投资者更容易采用反转策略而不是动量策略，投资流对未来收益有正的贡献，长期信息效应强于短期价格效应。

投资流对收益贡献为负的有以下相关文献。

伯克（2002）构造模型证明，由于竞争的资本供给市场与积极资产组合管理的规模收益递减，积极投资经理并不能战胜消极的市场参照标准。因而基金过去收益不能预测未来收益或者用以推断基金经理的管理能力。积极管理基金收益不具有持续性并不能说明基金经理能力差别不存在或者未收到奖励，也不能说明搜集绩效信息是社会无效的，或者追求收益没有意义。过去收益与投资流存在很强的关系，事实上，这恰恰是市场机制保证了历史收益没有预测能力。数据表明，80% 以上的经理至少具备充足能力补偿基金费用。

格林尼等（Greene et al. , 2001）考察了互助基金流如何对互助基金绩效产生稀释效应，互助基金的积极交易对消极、未交易基金投资者收益具有有意义的经济影响。国内总样本股票基金没有表现出稀释效应，但在国际股票基金中稀释效应为0.48%（资金流动较大的子样本中达到1%）。由此，基金的交易与定价策略对绩效具有重要的含义。

阿加瓦尔等（2004）也发现资金流入越多的基金，下期业绩越差，与规模收益递减相一致。并且，管理激励越高同时基金赎回障碍越大的基金收益越好。加拉赫等（Gallagher et al.，2004）发现基金流对基金绩效具有负的冲击。

投资流对基金绩效影响不显著的有以下相关文献。

费力诺等（2006）发现当基金使用股指期货等衍生工具时，基金绩效与投资者的流行性需求无关，而那些未应用衍生工具的基金选时能力较差、收益较低。其结果表明衍生工具的使用在某些情况下对投资者是有利的。

2.3.1.3　绝对业绩对申购、赎回影响的实证研究

为了获悉基金业绩对净赎回的影响机制，国外部分学者开始进一步研究基金业绩如何分别作用于投资者申购、赎回，大多数文献发现基金申购与历史业绩是正反馈关系，即便基金业绩并不保持持续性。投资者赎回与基金业绩则既有正反馈（负相关）关系，也有负反馈（正相关）关系。部分文献在分开考察申购、赎回与基金业绩的变动关系时，还考虑了投资者申购与赎回之间的互动。

基金投资者申购与业绩正相关文献可概述如下。

谢瓦利埃等（Chevalier et al.，1997）应用半参数模型估计了1982~1992年的成长型与收入型基金投资流与绩效的曲线，发现基金获得投资流与往年业绩正相关。这种FPR关系促使基金经理根据上年业绩，提高或减少基金资产风险。爱尔顿等（2004）发现在不能套利的市场中，业绩占优基金会持续占优。夏普500指数基金收益比指数每年收益多2%，预测能力也很强，但是指基金数投资流与基金业绩之间关系比理性预期的要弱得多。波伦等（Bollen et al.，2005）发现社会责任基金比普通开放式基金现金流波动性要低，年度现金流对基金以往负的绩效不太敏感，但是对正的绩效敏感。巴克罗等（2005）发现资金流入对过去长时期的业绩较为敏感，基金不同投资持有期的FPR形状不一样，这可以解释对冲基金的季度业绩持续性为什么没有被竞争所消除。巴克罗等（2006）进一步发现投资者在选择对冲基金时表现出小数定律的心理偏差，基金持续盈利时间越长，基金未来盈利的概率越大。

投资者能够觉察绩效链的信息内容，因而资金流与历史绩效持续时间正相关。基金盈利（亏损）时间越长，越有可能获得更多（少）资金流，这表明投资者采纳的是动量策略。塞德堡等（Cederburg et al.，2008）还发现投资者在经济扩张时期，表现出追逐收益与基金经理能力的行为，并依据该策略获取较高收益与阿尔法值，但是部分为动量因素所致。而在经济萧条时期，投资者没有追逐收益并表现出较弱的追逐阿尔法行为。

投资者申购与业绩关系与行为金融理论相符的有：巴伯等（2000、2003）、舒等（Shu et al.，2002）。

巴伯等（2000）使用美国 30000 个家庭 1991～1996 年的申购、赎回数据作研究，也发现投资者喜欢购买历史业绩强的基金，1/2 以上基金申购发生在年收益排名靠前的基金组中。他们用代表性偏差解释投资者购买历史业绩优秀的基金。舒等（2002）发现中国台湾地区基金投资者中，投资于大型互助基金的大多数是小额投资者，而投资于小型互助基金的大多数是大额投资者。前者趋向于购买过去的赢家基金，而后者更喜欢避免高换手率的积极管理基金，其购买基金行为受短期业绩影响并不显著，更喜欢持有业绩上升的基金。巴伯等（2003）还发现投资者购买基金的决策主要受一些主要的、吸引注意力的信息所影响。投资者对主要的面对面信息，例如前端费率、佣金更敏感，相对于运营支出，更可能购买那些业绩卓著、广告或促销能吸引人们注意力的基金。

除此以外，辛哈等（Sinha et al.，2004）利用消除存活者偏差的加拿大股票基金数据，发现加拿大基金 FPR 与美国所表现得不一样，投资者既不会追逐过去的赢家基金，也不会继续持有输家基金，基金投资者对基金绩效上升与下降的反应是理性的。基金短期与长期业绩都缺乏持续性。投资者虽然根据历史业绩投资，但不会高比例地投资于表现最好的基金组中，而差业绩基金遭受显著的赎回。这表明基金的激励结构不鼓励基金经理承担更大的风险，基金管理公司规模以及上期对基金的资源配置同样影响基金 FPR。

关于投资者赎回与基金业绩关系为正反馈关系的文献主要概述如下。

舒等（2002）发现中国台湾地区的基金投资者中，小型互助基金的大额投资者更喜欢持有业绩上升的基金，而赎回业绩下滑的基金。辛哈等（2004）发现，加拿大股票基金投资者也不会继续持有输家基金，差业绩基金遭受显著的赎回，尽管基金短期与长期业绩都缺乏持续性。奥尼尔（O'Neal，2004）也发现投资者会通过高的赎回率惩罚差业绩。巴伯等

（2006）发现中国台湾地区互助基金的外国交易者，占总交易量的5%，愿意实行损失。

部分学者还发现，基金投资者在赎回时表现出处置效应——即基金投资者不是赎回业绩较差的基金，而是赎回业绩优秀的基金。基金赎回与业绩正相关，按年代顺序概述如下。

布朗等（2005）发现澳大利亚基金投资者具有"锁定收益"与"赌博损失"的行为，这是一种"不包含信息的投资"，但是这种基金投资者行为仅限于大的而且资产分散化的基金。徐（2007）发现在所有基金中，32%的基金表现出处置效应，其业绩比没有处置效应的每年低4%～6%。陈和杨（Chan and Yang，2006）应用中国台湾地区的数据考察了基金投资者的行为与价值行数的关系，发现价值函数在盈利时凹函数特征虽然不显著，但获利最高的投资者确实表现出风险规避的倾向。当面临亏损时，随着风险的提高，投资者会选择风险越高的基金，表现出投资者在风险亏损时风险偏好越高的凸函数特征。他们还发现，即使信息充分，有许多处于亏损的投资者在下一次投资时，仍然会选择绩效排名较差的基金，而没有遵循价值函数风险规避的假说。总体而言，互助基金投资者确实符合价值函数关于参考点的选择，以及获利（亏损）时为凹（凸）函数的特征，但无法证实价值函数亏损比盈利要陡的损失规避特性。

巴伯等（2000）也发现投资者喜欢赎回历史业绩强的基金，不愿卖出损失的基金投资，大约40%的基金赎回发生在年收益排名靠前的基金组，他们用处置效应解释投资者的赎回。

舒等（2002）发现中国台湾地区的基金投资者中，大型互助基金的小额投资者一旦基金业绩上升即选择赎回。

众多文献同时考察了申购、赎回与业绩关系，并比较了两者的区别。

巴克罗等（2005）发现资金流入对过去长期的业绩较为敏感，而资金流出对过去短期业绩产生迅速而持续的反应。由此，基金在不同的评价区间，具有不同形状的FPR，这可以解释对冲基金的季度业绩持续性为什么没有被竞争所消除。此外，他们还发现投资者申购不能利用赢家基金的持续性，相反，投资者会迅速而成功地将基金从持续失败基金中撤离，确保了对差业绩基金的惩罚机制。巴克罗等（2007）进一步将资金流入、流出差异归结为流动性约束、高搜寻成本与投资者积极的监督的综合作用。与投资流对业绩越不敏感基金业绩持续性越强的假设相一致，具有资金流入、流出的基金，在不同投资持有期其业绩持续性存在很大差异。此外，投资者的有限反应能力阻止了其投资于下期业绩较好的基金。相反，投资者似乎能快速而成功地从下期差业绩基金组中撤离资金。

卡什曼等（Cashman et al.，2008）应用月度数据实证发现，现有投资者会惩罚差业绩基金。基金现有投资者与潜在投资者都会通过不申购基金对差业绩基金作出惩罚，而且投资者既会将资金从差业绩基金撤离对差业绩作出反应，也会将更大资金撤离优良业绩基金。资金流入与业绩也呈"U"形，现有基金投资者与潜在基金投资者通过增加资金流入奖励业绩优良基金，而业绩较差的基金资金流入也会增加。

应用投资者账户数据，舒德（Shrider，2009）发现基金投资者更多地部分赎回业绩较差的基金，而且更可能清算上一期业绩也较差的基金，这说明基金投资者不是损失规避者。与代表性偏差一致，投资者喜欢申购过去业绩较好的基金。在新申购基金时，投资者喜欢申购历史业绩比较优秀的基金，以及业绩最差的基金。新投资者贡献部分资金给业绩最差的基金组值得进一步的研究。

伊夫科维奇等（Ivković et al.，2009）研究了个人投资者互助基金流与基金特征的关系，其发现：两者关系首先与税收动机一致，投资者不愿意卖出升值的基金而愿意卖出贬值的基金；其次个人投资者很注意投资成本，因为投资决策对支出比与负荷敏感；最后个人资金流出与流出都受基金业绩的影响，但反应方式不同，资金流入对相对绩效敏感，与绝对绩效无关，表明投资者以追逐最佳业绩基金作为自己的一个投资目标，资金流出对绝对绩效敏感。

除了以上文献以外，奥尼尔（2004）等学者[1]还发现一些投资者频繁地进入基金，基金投资者申购与赎回之间存在很强的正相关关系，表明基金投资者中存在短线操作的投资者。他们还发现投资者会通过高的赎回率惩罚差业绩，指数基金比积极管理基金赎回率较低。而且负荷基金资金对历史业绩要比非负荷基金敏感，这表明投资推荐者与经济人对投资者的交易有重要作用。

---

[1] Bhargava et al.，2001；Chalmers et al.，2001；Goetzman et al.，2001；Greene et al.，2002；Zitzewitz，2003。

2.3.1.4 投资流对基金业绩的非线性反应

除了以上文献以外，广为国外学者探讨的是，基金净投资流与上年基金业绩呈非线性变化，或者基金 FPR 呈凸性。包括伊波利托（1992）、谢瓦里埃等（1997）、西里等（Sirri et al.，1998）、格尔西奥等（Del Guercio et al.，2002）。基金净投资流与历史业绩显著正相关，但是这仅发生在业绩排名靠前的基金组中，而在业绩排名一般或靠后的基金组，投资流对基金业绩没有关系或非常不敏感。对投资流—业绩的这种非线性关系，相关研究提出了两种解释。

第一种解释是老投资者对基金差业绩不反应（Gruber，1996；Bergstresser and Poterba，2002；Lynch et al.，2003；Johnson，2005；Ivkovic and Weisbenner，2006）由投资者对管理变化的预期、交易摩擦、行为偏差等原因所致。格鲁伯（1996）认为存在两类投资者：精明投资者（sophisticated investors）与弱势投资者（disadvantaged investors），弱势投资者由于市场摩擦或者收益等原因相应成本太高因而无法对基金绩效作出反应。但是林奇等（2003）认为投资者理性地选择不对差业绩作出反应是因为差业绩基金接下来将会改变投资策略或者改变投资团队。伊夫科维奇和韦斯本纳（Ivkovic and Weisbenner，2006）应用计数数据也发现，当前资金流出不受上一年的基金相对绩效影响，虽然赎回趋势与基金相对于其他基金的业绩排名成正比。他们认为投资者对差业绩不反应是因为投资者普遍行为偏差——处置效应（Kahneman et al.，1979；Shefrin et al.，1985）的表现。

第二种解释是基金投资流—业绩非线性关系的解释侧重于新投资者对优良业绩基金组的反应。黄、魏和严（Huang，Wei and Yan，2007），认为非对称的 FPR 关系并不是因为老投资者对基金差绩效不反应，而是因为投资者参与成本的差异所致。新投资者比较容易克服参与成本对优良业绩作出反应致使投资流对业绩呈非线性关系。

卡什曼等（2008）进一步分开实证赎回、申购与业绩的非线性关系，对基金 FPR 的关系进行了较为完整、全面的实证。发现基金赎回、申购与业绩关系都呈"U"形。投资者会撤离资金对差业绩基金作出反应，同时优良业绩基金遭受更大资金流出。现有基金投资者与潜在基金投资者通过增加资金流入奖励业绩优良基金，而业绩较差的基金资金流入也会增加。

进一步控制资金流出持续性影响后，卡什曼等（2008）发现基金资金流出依然对差业绩作出惩罚，但是资金流出与优良业绩不再存在任何关系。同样地，当控制资金流入持续性影响因素后，现有投资者与潜在投资者与优良业绩正相关，但是对差业绩没有反应。

在控制频繁进出基金的短期投资者因素后，卡什曼等（2008）仍然发现投资者通过撤出资金惩罚业绩较差基金，增加资金投入以奖励优良业绩基金。与上述结果不同的是，当前与潜在投资者通过资金流入以奖励业绩优良基金，但只有当前投资者撤出资金以惩罚业绩较差的基金。

从上述文献可以看出，国外研究基金 FPR 的非线性特征的文献主要存在的不足有：大多数文献仅实证考察净赎回与业绩的非线性关系，没有进一步分开实证申购、赎回与基金业绩的变动关系，因而其对解释仅是一种推测；此外，在实证基金 FPR 的研究方法上，国外文献主要应用的是按业绩分组的方法，而分组标准存在主观臆断的偏差。

2.3.1.5　考虑投资流持续性后的基金 FPR 述评

格尔西奥（2002）、卡什曼等（2006）、加尔各里等（2007）发现，互助基金投资流具有很强的持续性。卡什曼等（2006）对基金投资流持续性进行了很好的解释。他们通过考察 1997～2003 年的互助基金每月投资流数据发现，投资者评估与响应基金业绩比以往评价时间要短（几个月而不是一年）；资金流对业绩的反应是以"持续流动"（stream）形式进行，而不是单次的流入或流出。他们还发现，净投资流对业绩的反应可以从滞后 1 个月到最多 12 个月，反应强度逐渐递减；资金流入对过去一到四五个月的业绩都有反应；资金流出对过去与当期业绩都没有反应；资金流出的持续性强于资金流入的持续性，故而强于净投资流的持续性；不同类型基金投资流持续性[①]不同。

剥离投资流持续性影响，有助于更准确地把握基金的 FPR。卡什曼等（2008）在控制投资流持续性之前，发现投资者会撤离资金对差业绩基金作出反应，同时优良业绩基金遭受更大资金流出；现有基金投资者与潜在基金投资者通过增加资金流入奖励业绩优良基金，而业绩较差的基金资金流入也会增加。而进一步控制资金流出持续性影响后，却发现基金资金流出依然对差业绩作出惩罚，但是资金流出与优良业绩不再存在任何关系。同样地，当

---

① 在基金投资者投资实践中，基金投资流持续性表现形式之一是投资者通常采用"基金定投"的方式，每月投入固定、等量的基金，而不管基金业绩如何。

控制资金流入持续性影响因素后，投资流与优良业绩正相关，但是对差业绩没有反应。

2.3.1.6 相对业绩对申购、赎回影响实证述评

国外部分学者还探讨了基金相对业绩对投资者申购、赎回的影响。按年代顺序，概述如下。

西里和图法诺（Sirri and Tufano，1998）发现，在整个基金行业中基金业绩相对排名与随后资金流是凸性正相关关系。在此基础上，克里格等（2003）运用主观条件概率与主观风险规避解释基金投资者的申购决策。与客观条件概率不同之处是，投资者根据历史业绩的代表性赋予其相应权重，当投资者认为历史业绩代表性很强时，主观条件概率大于客观条件概率，反之则相反。主观风险规避说明投资者风险规避态度受历史信号的影响，当历史信号显示投资环境有利时，投资者风险规避态度降低增加投资，而当历史信号显示投资环境不利时，投资者风险规避态度提高从而缩减投资。

肯普夫等（kempf et al.，2004）进一步研究发现，基金业绩在基金管理公司内部的相对排名位置也影响投资流。在控制行业相对排名情况下，最顶端的 20% 基金比其他基金要多增长 6.78%。

格尔西奥（2007）应用事件研究法对美国晨星排名变化进行分析，发现晨星排名对基金投资者的投资决策具有重要而独立的影响。晨星排名变化而不是基金业绩变化驱动投资流变化。基金排名上升伴随着正的异常资金流，而基金排名的下降伴随着负的异常资金流。与横截面 FPR 文献相对比，他们实证支持投资者对业绩下滑基金作出惩罚，而且在排名变化的当月即明显地随之变化。

伊夫科维奇等（2007）发现，投资者喜欢卖出贬值的基金，而继续持有升值的基金。应税账户与免税账户的结果表明，税收动机的交易可以部分解释投资者赎回，而业绩与投资流负相关的其他部分则可用投资者对基金业绩持续性信念解释。个人资金流入、流出都对过去绩效敏感，但反应方式不同。资金流入很大程度上受相对业绩驱动，与绝对业绩关联不大，表明新投资者喜欢追逐表现最优的基金，对基金的绝对绩效关注较少。相比而言，资金流出主要受基金绝对绩效驱动，与相对绩效关联较少。

2.3.1.7 影响基金投资流或者 FPR 的其他因素

基金投资流除受基金业绩影响以外，大多数学者还发现，引人注意的信息与媒体可见度、股市收益与波动性、基金管理公司特征、投资者特征、基金规模、基金名字、利率、税收与未实现资本利得、支出、费率结构与赎回政策、基金管理灵活性、资产替代性、经济周期等因素也有不同程度影响，个别因素甚至会影响基金的 FPR。按顺序与年代，概述如下。

吸引注意力的信息与媒体可见度对投资者非常重要。巴伯等（2003）发现投资者购买基金的决策主要受一些主要的、吸引注意力的信息所影响，投资者更可能购买那些通过卓著业绩、广告或促销吸引人们注意力的基金。而且投资流与前端费用、经纪人收取的佣金负相关，与经营成本不存在显著相关关系。进一步分析表明，广告、促销成本通常暗含在经营支出内，因而具有这样奇怪的结论。与此类似，瓜蒂耶里等（Gualtieri et al.，2005）研究了基金可见度（媒体注意与广告努力）对投资流的影响，发现媒体覆盖度（涉及基金的文章数量）降低基金投资流，正面（负面）报道提高（降低）基金资金流入。基金广告对净投资流有积极而显著的影响，对申购没有影响。

基金管理公司特征也是影响投资流的重要因素。于等（Yu et al.，2003）发现基金所处管理公司其他基金绩效、媒体曝光也会对该基金投资流产生溢出效应或排挤效应，即其他基金绩效下降（上升）、媒体曝光增加（减少）也会导致该基金投资流的增加（减少），但其他基金的投资流对其没有影响。斯塔克等（Starks et al.，2008）发现即便投资者通过经纪人交易，也喜欢将投资集中于几个基金管理公司中；投资者喜欢申购曾经购买过的基金；个人基金投资者相信老基金与大基金不容易改变，因而 FPR 敏感性降低。与此相似，本森等（2008）研究表明，基金管理公司特征同样影响基金投资流，个人基金中的投资者对管理公司规模、管理公司年龄、产品多元化同样敏感。实证结果表明，在基金管理公司内部表现最优的基金获得了更多的资金流。基金水平与管理公司策略都会影响基金投资流。

市场波动性与市场收益对基金投资流也有重要影响。罗（Luo，2003）发现互助基金月度资金流与市场波动性之间存在密切关系，在考虑波动持续性以及收益与风险之间的关系后，债券基金投资者在 1984～1998 年不对基金以往收益波动性作出反应，而股票投资者对当期与以往市场波动作出负面反应。股票基金投资者的波动选时行为解释了为何互助基金经理在市场高波动时降低市场风险暴露，但是这种负相关关系不完全由波动持续性以及风险与收益之间的关系驱动。市场向上与向下的波动风险都对接下来的股票基金资金流有负的冲击。而且，股票基金投资流对市场波动性具有很强的正向冲击。汉弗莱（Humphrey et al.，2007）则发现总资金流与市场收益以及基金收益正相关，市场收益对所有投资风格基金资金流都有正的影响，而基金收益对不同风格基金具有不同的影响。布鲁尔和斯托茨（Breuer and Stotz，2007）对基金资金流与股票市场收益的关系分析得更全面，其发现基金资金流与过去、现在绩效正相关，与未来绩效负相关。

部分学者还发现，基金管理弹性与约束也会对基金投资流产生作用，阿加瓦尔等（2005）考察了管理激励、能力、弹性在对冲基金 FPR 中的作用。发现对冲基金管理激励（期权式激励费用合约较大的 Δ 值与高水位标记提供）、管理弹性（锁定期、告示、赎回期 等）与高业绩密切相关，历史业绩优秀基金获得较多投资流，但管理灵活性强的基金投资流较少。

马萨等（Massa et al.，2008）还从股票、债券、货币基金资产替代关系的角度考察了基金 FPR。他们考察与分析了美国一系列互助基金每日投资流在 1 年半的相关结构，发现美国互助基金投资者中存在相关关系，很大一部分因素与股票、债券基金收益差距有关，因而与股票溢价有关。互助基金投资者行为中存在共同部分，参与者可能将不同的资产视为互助基金份额的替代资产。他们还进一步发现，流入股票基金的资金，无论是国内的还是国际的，与流向货币基金市场与贵重金属基金的资金负相关。这种股票与贵金属基金之间的负相关关系表明，投资者购买或赎回基金并不是仅出于流动性因素，对股票溢价的态度也是重要的原因。

费率结构与赎回政策也影响基金投资流。南达等（Nanda et al.，2003）发现在控制基金特征等因素下，多层次级别费率结构基金比单一费率结构基金能更好地吸引新的投资流。新级别的投资者投资期限较短，比前端负荷投资者对业绩更加敏感。格林等（2007）考察了赎回政策是否影响开放式基金每日的资金流动，发现赎回费很大程度上是其总费用结构的函数，而且赎回费是控制资金流波动性的重要工具。

基金支出等因素也影响基金投资流，罗姆波提斯（2007）发现希纳基金投资流因支出提高而减少，与基金收益、成立年数、资产管理规模正相关。与此相反，巴洛斯等（Babalos et al.，2009）在研究希腊基金中支出对基金 FPR 关系的影响时发现，投资流不直接受支出的影响。此外，附属于国内三大主要银行集团的基金收益较好，而且吸引了比同类基金更高的资金流。

利率、税收、基金名字、基金类别、投资目标、成立年数、资产管理规模等其他因素也影响基金投资流。圣蒂尼等（Santini et al.，1998）发现滞后长期利率与资金流入负相关。柏格斯特里瑟等（Bergstresser et al.，2002）则发现税后收益比税前收益更能解释基金资金的流入。此外，其他相似情况下，大的未实现资本利得不仅阻碍资金流入也阻碍资金流出，流入效应比流出效应要强。库伯等（Cooper et al.，2004）还发现反映热门投资风格的基金名字能吸引投资流。基金改名后一年，基金累计投资流增长 28%，虽然业绩没有改善。而且名字是否与实际持股一致并不影响基金投资流变化，这说明投资者非理性。瓜尔蒂耶里等（Gualtieri et al.，2005）还发现基金类别是影响投资流最重要的因素之一。拉科夫斯基等（2009）也发现投资目标、销售政策、积极管理水平可以解释投资流的变化。罗姆波提斯（2007）还发现基金投资流与成立年数、资产管理规模正相关。

部分文献还实证发现基金投资者特征、基金规模、经济周期、国际金融市场、基金管理弹性、基金费用支出都影响基金 FPR。

机构投资者与个人投资者对基金业绩反应方式不一样。詹姆斯等（James et al.，2002）发现机构投资者与个人投资者对基金业绩反应方式不同，机构投资者并不追逐历史业绩，这是因为机构投资者并不密切地监督基金管理者。与此类似，舒等（2002）发现中国台湾地区小基金中的大额投资者对基金业绩不敏感，而大基金中的小额投资者在申购时表现出业绩追逐行为，赎回时具有处置效应，对基金业绩非常敏感。伯恩鲍姆等（Birnbaum et al.，2004）利用 1994～2003 年的国内基金数据，除发现基金投资流与业绩的关系比以往研究更加线性一些以外，也发现机构投资者与个人投资者对历史业绩反应存在不同，机构投资者不是非常积极（消极）地对业绩较好的基金组作出反应，基金投资目标对基金 FPR 关系影响不大。

基金规模同样影响基金 FPR，辛哈等（2004）利用消除存活者偏差的加拿大股票基金数据，发现基金管理公司规模以及上期对基金的资源配置同样影响基金 FPR。他们还发现，基金短期与长期业绩都缺乏持续性，尽管投资者对基金业绩具有理性反应，但是投资者实现的收益低于基金报道略胜于市场的收益。

经济周期也影响基金的 FPR。考尔等（Kaul et al.，2007）则发现，当经济状况变化时，加拿大互助基金投资者会在不同类别基金中重新配置。随着经济状况的改善，基金投资者会将资金从固定收益型基金导向股票型基金中。在 2000 年与 "9·11" 事件中，每个时期都伴随着资金从股票基金流出，而货币基金市场有大量资金流入。他们进一步检验了 "聪明钱" （smart money）效应，资金流入可以预测基金将会出现优秀业绩，而资金流出可以预测基金将会出现差业绩。基金管理弹性或者对投资者的约束将会降低 "聪明钱" 效应。塞德堡等（2008）也发现投资者在经济扩张时期表现出追逐收益与基金经理能力的行为，并依据该策略获取较高收益与阿尔法值，但是部分由动量因素所致。而在经济萧条时期，投资者没有追逐收益并表现出较弱的追逐阿尔法行为，即使控制动量因素，投资流在萧条时没有表现出 "聪明钱" 效应。不追逐收益，相反投资者根据总体风险因素调整投资，而且萧条时投资者努力避开市场与市场—账面因素。

基金 FPR 还受基金资产与国际金融市场相关性的影响。帕特罗（Patro，2006）综合研究了设立于美国而投资国外的 1970～2003 年国际基金资金流的特点，发现资金流与基金资产收益和美国收益之间的相关关系有关，这与投资者资产国际分散化愿望相一致。此外，当相关关系较低时，FPR 关系较强。正如所预期的那样，基金波动性较大时，投资流较小。除此以外，资金流与收益正相关，支持信息不对称与国际投资流追逐收益的假设；另外，有证据表明在货币危机前与货币危机期间，存在资金流出新兴市场的现象。

基金管理弹性或者投资者约束也会影响基金 FPR 形状。丁等（2008）发现，在对于对冲基金存在约束，例如申购、赎回、提前通知、锁定期限、份额限制等约束的情况下，投资流与业绩的关系呈凹函数关系。而没有约束的情况下，基金投资流与业绩呈凸函数的关系。此外，存活基金与已清算基金的 FPR 关系不一样，存活基金中，FPR 为凹性，优秀业绩基金比差业绩基金对历史绩效不太敏感，这与优秀业绩基金经常对新投资者关闭，终止信息披露是一致的。这也与存活基金具有更严格约束相一致。相比而言，已清算基金表现出凸性 FPR 关系，这与其限制较少相一致。

基金费用支出等因素也影响基金 FPR 形状。帕加尼等（Pagani et al.，2006）发现基金销售费用与基金 FPR 凸性正相关，非销售费用对基金 FPR 凸性没有明显的副作用，行业与指数基金 FPR 凸性较小，而分散化与非指数的基金凸性较大。

2.3.1.8 基金 FPR 对基金市场影响

（1）基金 FPR 对基金经理风险承担的影响。

由于开放式基金的 FPR 关系为凸性关系，这就意味着基金市场几乎所有资金流集中到业绩最优的基金组，因此，基金经理有激励在年末或季度末根据基金收益状况提高或降低基金资产组合的风险。部分文献研究了基金凸性 FPR 关系对基金经理的激励作用：

谢瓦里埃等（1997）考察了基金经理与投资者之间潜在的代理冲突：投资者偏好最大化风险调整收益，而基金经理有激励采取措施提高基金流入。开放式基金 FPR 关系的形状可以隐性地激励基金公司在 11 月与 12 月之间提高或降低风险，这与根据 FPR 关系在 11 月策划的风险承担是一致的。

卡尔塞斯基（Karceski，2002）构建了一个模型，其中基金投资者的业绩—追逐行为致使贝塔值不按照标准 CAPM 理论定价。基金投资者业绩—追逐行为，导致在时间上随着市场猛然上涨后非正常的大量资金流入，在横截面上导致业绩最好的基金业绩组获得了基金行业内大部分资金。这种互动的 FPR 关系导致了基金收益的非对称性，因而基金经理必须关注如何击败同行。由于高贝塔值基金在股市上升倾向于胜出同行基金，积极基金经理将资产组合投向于高贝塔值股票，在均衡时降低了风险溢价。为了支持时间序列上的 FPR 假设，他们实证检验发现市场收益对随后的投资流确实具有很显著的经济作用。

辛哈等（2004）利用消除存活者偏差的加拿大股票基金数据进行实证，发现基金投资者对基金绩效上升与下降的反应是理性的。与美国基金 FPR 关系不一样，投资者既不会追逐过去的赢家基金，也不会继续持有输家基金。投资者虽然根据历史业绩投资，但不会高比例地投资于表现最好的基金组中，而差业绩基金遭受显著的赎回。基金 FPR 激励结构不鼓励基金经理承担更大的风险。

胡等（2008）发现基金经理源于报酬结构与职业关注的激励使其先前相对业绩与基金承担风险之间表现出"U"形关系，声誉与职业关注在这种非单调关系中起着重要的作用。他们同时讨论了基金 FPR 关系与"U"形关系之间的联系，发现高支出比基金的 FPR 关系凸性不太显著，由此导致其基金经理风险与上期相对绩效之间的关系凸性也不是很显著。

（2）基金 FPR 对基金投资者收益影响。

基金投资者对基金业绩的反应会如何影响投资者收益？辛哈等（2004）发现加拿大基金投资者对基金绩效上升与下降的反应是理性的。投资者既不会追逐过去的赢家基金，也不会继续持有输家基金。投资者虽然根据历史业绩投资，但不会高比例地投资于表现最好的基金组中，而差业绩基金遭受显著的赎回。他们还发现，基金短期与长期业绩都缺乏持续性，尽管投资者对基金业绩具有理性反应，但是投资者真实收益低于基金所报告的略胜于市场收益。

巴克罗等（2005）发现资金流入对过去长期持续的业绩较为敏感，不同评价区间，基金 FPR 形状不一样，这可以解释对冲基金的季度业绩持续性为什么没有被竞争所消除。此外，投资者不能利用赢家基金的业绩持续性不支持"聪明钱"假设。

弗里森等（Friesen et al.，2007）应用现金流数据考察了基金投资者的选时能力，他们发现在 1991～2004 年基金投资者的选时决策平均降低了投资者每年收益 1.56%，在负荷基金中因错误选时而导致的差业绩比非负荷基金要严重，特别是基金投资者因错误选时而导致的收益下降抵消了优秀业绩基金的风险调整阿尔法。积极管理基金与指数基金投资者都表现较弱的选时能力，其实证结果表明投资者具有追逐收益（return-chasing）的行为。

如上所述，考尔等（2007）、塞德堡（2008）、伯恩哈特等（2008）的模型表明，投资者通过投入更多资金奖励那些绩效较好的基金，在季度末基金经理有激励扭曲投资策略更多地持有资产组合中比重较大的股票。这些交易的短期价格冲击提高了基金的报告收益，更高的收益吸引了更多的投资流；反过来，允许基金在下季度末实施更多的投资扭曲。由于交易的价格冲击是短期的，接下来的季度总是伴随着更多的收益赤字。最终，收益赤字无法克服。他们的模型导致了短期业绩持续性，但是长期反转，正因此，其模型对基金绩效貌似矛盾的实证依据提供了一致的解释。

尼卜林（Niebling，2009）发现缺乏精明的投资者是阻碍基金投资者追逐历史业绩的主要原因，能作出精明投资决策的是那些年龄较大的、富裕的、经验丰富以及不过度自信的人，精明投资决策每年收益高于普通投资决策127 个点。

（3）基金 FPR 对基金市场效率的影响。

国外大多数文献实证所发现优秀业绩基金组投资流与业绩的关系是凸性

FPR 关系，会促使基金市场竞争过度，激励基金经理承担更大的风险，同时大量资金集中流向业绩最优秀的基金组会导致其优秀业绩迅速消失（Berk et al.，2004），因而会降低整个基金市场的效率。而差业绩基金组投资流与业绩的关系不显著，意味着差业绩基金组未能受到基金投资者的惩罚，无法淘汰出局，因而也会影响基金市场资源配置效率。除此以外，国外文献发现基金凸性的 FPR 是投资者非理性反应所致，会导致基金市场效率损失。因为基金优秀业绩持续性较弱，而且大多数仅限于短期，基金差业绩反而持续性较好，投资者理应迅速赎回差业绩基金，放弃追逐优秀业绩基金。

国内大多数文献（陆蓉等，2007）发现，基金业绩与净赎回的关系是凹形的正相关关系，大量优秀业绩基金遭受赎回，低劣业绩基金反而受到鼓励。这种"劣胜优汰"的基金 FPR 机制会促使基金经理选择中庸、雷同的策略，丧失进取精神，市场上将充斥低劣基金与基金经理，资源配置效率低下。

通过以上分析可知，开放式基金 FPR 要发挥优胜劣汰作用，提高基金市场的效率，须与基金业绩持续或反转相一致。

2.3.2　国内基金 FPR 实证研究述评

与国外研究相比较，国内基金 FPR 研究才开始起步，主要研究了基金净赎回与业绩关系，以及影响净赎回的其他因素。

姚颐和刘志远（2004）采用截面模型、合并数据和面板模型对数据进行了横截面和时间序列的双重检验，结果表明基金业绩增长、分红金额、分红次数、基金管理公司规模、基金集中度是影响基金赎回的重要因素，并且当基金净值跌破 1 元时，原有趋势会发生突变。

丘晓坚等（2006）利用 2003~2004 年的面板数据对投资者的赎回行为进行研究发现：基金净值和分红均与赎回率显著正相关；基金累计净值与赎回率显著负相关；投资者并不注意投资成本，表现为赎回费率和申购费率根本没有起到阻止赎回的作用。

肖奎喜（2007）考察开放式基金由于投资者的申购和赎回而产生的流动性交易行为及其与基金业绩的关系，得出以下结论：我国开放式基金投资者对单个基金认同程度很不一致，导致了对不同基金的申购和赎回差异悬殊；投资者热衷于炒作小盘基金，使得其流动性交易远比大盘基金活跃，小盘基金更容易被少数大额持有人操纵而从中牟利；我国开放式基金的业绩与其申购率成正向关系，但与赎回率没有明显的负向关系；国外学者的早期研究发现，投资者倾向于购买业绩好的基金，但却不一定赎回业绩差的基金，这种业绩—流量的不对称性现象在我国基金市场同样存在。

陆蓉等（2007）研究发现，中国开放式基金的业绩及资金流动的关系与成熟市场不同，呈现负相关且为凹形。这说明投资者的选择未能发挥"优胜劣汰"机制。面临赎回压力较大的是业绩良好的基金而不是业绩较差的基金。

刘永利与薛强军（2007）采用奥尼尔（O'Neal）分离现金流量方法研究影响货币市场基金投资者申购和赎回行为的具体因素。实证结果表明，基金业绩增长是决定货币市场基金申购和赎回的主要变量，基金当期净值增长率与基金份额净变动率、申购率和赎回率呈正相关关系，影响程度呈非对称性；货币市场基金投资者的申购决策主要考虑基金收益情况，赎回决策兼顾基金收益和风险分布。

冯金余（2009a）应用 2004～2008 年第一季度的面板数据发现我国开放式基金净赎回与业绩的关系存在互动关系。在控制投资流影响下，基金净赎回与业绩正相关，表现出"异常净赎回"；而滞后净赎回对基金业绩的反作用为正相关，符合规模不经济。冯金余（2009b）进一步将净赎回分解为申购、赎回，并实证了基金业绩对净赎回、申购、赎回的影响。冯金余（2009c）还应用门限面板数据证实了基金投资者赎回时的处置效应与非线性反应。

林树等（2009）运用开放式基金业绩与净申购、申购与赎回资金流的季度数据，研究发现国内基金投资者与国外基金投资者有不同的行为方式，且与股票投资者也有着重要区别：国内基金投资者的净申购行为与业绩呈显著正相关，业绩越好的基金获得的净申购越多，且以规模与年龄为指标的"品牌效应"对基金的净申购也起显著的积极作用。国内基金投资者的申购行为与业绩间表现出"U"形关系。对于业绩最好的基金，其经营越好，投资者越是追捧，而对于业绩最差的基金，前期业绩越差，投资者也会追加申购。然而这种行为有其合理性，因为前期的绩优基金确实会保持业绩良好，而前期业绩最差的基金在未来会有反转趋势。基金投资者的赎回行为与业绩间是非线性关系。对于前期业绩最差的基金，其表现越差，原有基金投资者赎回越多，但对于业绩最好的基金，却没有遭到明显赎回。这一特征明显不同于股票投资者的"处置效应"。

除此以外，一些学者还考察了影响基金投资流的其他因素。

任淮秀等（2007）实证分析表明，影响我国开放式基金赎回的因素是多方面的，包括基金净值变化、分红、基金成立时间的长短、品牌、投资者结构等。

陆蓉等（2007）通过对中国 14 只偏股型开放式基金的面板数据分析，发现影响投资者赎回的因素还包括收益的稳定性、分红、基金规模等。

朱宏泉等（2009）探讨了我国证券市场中开放式基金投资者行为的影响因素。结果表明，基金投资者在买卖基金的份额时，除了关注基金的业绩外，与前一段时间基金业绩波动幅度的大小，其他投资者申购或赎回份额的多少显著正相关，与基金申购和赎回费率的高低、管理费用的大小，以及上市时间的长短显著负相关。表明基金的投资风险、投资成本、成立时间，以及前期其他投资者的买卖行为会对投资者在申购和赎回基金的份额时产生完全不同的影响。

解学成与张龙斌（2009）对 2005 年以来，包含"牛市""熊市"完整周期的"时间窗"内开放式基金持有人赎回行为进行了研究。研究显示，我国基金投资者在牛市、熊市中对宏观调控信息的反应不一致，基金分红能够吸引到增量资金流入，申购赎回行为具有较典型的噪声交易特征。

2.4　本章小结

本章主要包括两个方面的内容：首先，以标准金融理论与业绩持续性、行为金融理论为主，对基金投资者申购、赎回的决策机制进行了一个比较全面的梳理；其次，对研究国内外基金市场中的基金 FPR 实证文献进行了比较、归类与评价，从基金业绩与净赎回的互动，基金业绩如何各自作用申购、赎回视角，线性与非线性视角，绝对绩效与相对绩效视角等各个方面也进行了总结评论，并且简要讨论了基金 FPR 对基金经理、投资者、基金市场效率的影响。

通过国内外基金 FPR 研究文献的比较，可以看出国内基金 FPR 研究的主要不足有：（1）鲜有文献探讨开放式基金 FPR 背后的理论机制。（2）从国外开放式基金 FPR 理论来看，标准金融理论与业绩持续性假说依然具有较强的解释力，但是国内鲜有文献对基金业绩持续性进行检验。（3）与国外研究相比，国内开放式基金 FPR 实证文献更显不足。首先，国内文献通常将"异常净赎回"归因于"异常赎回"，这仅仅是一种推测，因而有必要进一步考察"异常净赎回"是由"异常赎回"还是"异常申购"所致抑或是……？

由此，有必要对中国开放式基金完整的 FPR（净赎回—业绩，申购—业绩，赎回—业绩）进行实证。其次，有待于进一步考察基金 FPR 的非线性变化特征，剥离投资流持续性影响进一步考察基金 FPR，有待于区分投资者、区分经济阶段进一步考察基金 FPR。最后，国内大多数文献是从基金绝对业绩视角考察基金 FPR，较少从相对业绩视角进行考察。

本书将在现有文献基础上对开放式基金 FPR 决策机制进一步进行理论分析，在此基础上检验开放式基金的业绩持续性，并对国内基金 FPR 进行理论预测。除此以外，本书将弥补国内开放式基金 FPR 实证文献的不足，尽可能选择纯净、有代表性的样本，通过各种研究视角、研究方法对国内开放式基金 FPR 进行全面实证。从投资流角度区分净赎回、申购、赎回，从业绩的角度区分相对业绩效应与绝对业绩效应，从基金 FPR 形状特征角度分别考察线性与非线性关系。并且考虑投资流持续性对基金 FPR 影响，区分机构投资者与个人投资者，长期投资者与短期投资者，区分经济不同发展阶段等对基金 FPR 的影响。

第3章 开放式基金 FPR 的理论分析

3.1 基金业绩对申购的作用机制

3.1.1 投资者申购对基金业绩的反应模型

开放式基金投资者的期望效用决定于基金的预期收益率与预期风险。投资者基于业绩的申购决策主要取决于三点，分别是基金业绩对未来业绩的预测能力、业绩的信息源作用、投资者偏好与信息处理方式。为论述方便，本书应用一个简单模型来刻画投资者申购对业绩的反应。

假设基金市场中包含理性投资者与非理性投资者两种投资者，理性投资者占比为 λ，非理性投资者占比为 $1-\lambda$，为简单起见，假设各投资者投资总量相等。

理性投资者根据贝叶斯法则更新自己的主观信念，对基金业绩的反应主要取决于基金业绩的预测能力、信息源作用。基金业绩预测能力用 α 表示，基金业绩持续性越强，α 越大而且大于 0，基金业绩出现反转的显著性越强，α 绝对值越大但是 α 小于 0。基金业绩对投资者的信息渠道作用用 β 表示。除基金业绩以外与基金未来收益相关的信息披露越弱，β 值越大；参与成本与搜寻成本越高，β 值越大。投资者在第 t 期对基金对应历史业绩各期反应系函数分别用 $F(\alpha, \beta)_{t-n}$、$G(\alpha, \beta)_{t-n}$ 表示，当 α 大于 0 时，反义函数 $F(\alpha, \beta)_{t-n}$、$G(\alpha, \beta)_{t-n}$ 都大于 0，而业绩反转时 α 小于 0 时，$F(\alpha, \beta)_{t-n}$、$G(\alpha, \beta)_{t-n}$ 都小于 0。

非理性投资者根据直观判断或经验进行申购决策，与基金业绩预测能力无关。对信息源作用反应方式与理性投资者相似，但主要取决于投资者的心理偏差，例如代表性偏差、框架效应、有限注意力等，本书以 γ 表示其反应系数。

假定影响基金投资者申购的扰动因素为 ε。基金在第 t 期获得申购资为 Flow_t，那么基金投资流对业绩的反应可以用以下模型表示：

$$\text{Flow}_t = \lambda\left[\sum_{n=0}^{N}\left(F(\alpha,\beta)_{t-n}\text{Perfm}_{t-n} + G(\alpha,\beta)_{t-n}(\text{Perfm}_{t-n})^2\right)\right] +$$

$$(1-\lambda)\sum_{m=0}^{M}\gamma_{t-m}(\text{Perfm}_{t-m})^2 + \varepsilon \qquad (3-1)$$

由模型（3-1）可知，投资者对基金业绩的反应，不仅取决于理性投资者的比例 λ，基金业绩的预测能力及基金业绩的信息源作用，而且取决于非理性投资者所占比例、偏好与对基金业绩反应。除此以外，理性投资者一般能尽可能利用多期相关历史业绩信息，而非理性投资者则可能仅利用过去少数几期的历史业绩信息，或者受限于信息搜集与加工能力无法及时更新信念。因此，投资流对业绩的反应还取决于非理性投资者的信息搜集与加工能力。

3.1.2 λ较高时，申购以理性投资者为主

如果开放式基金业绩具有持续性，那么投资者就可以通过历史业绩来预测基金未来收益。由此，我们得到命题 H1。

命题 H1：基金业绩持续性越强，投资者申购对业绩越敏感，申购与基金历史业绩正相关。

国外研究基金业绩持续性的文献大多数发现，优秀业绩很难维持，而差业绩持续性较强。伯克等（2004）对此的解释是：在资金供给竞争性市场，由于基金优秀业绩会吸引资金的大量流入，基金经理必须花费更多精力与成本为新增流动性选择投资方案，致使基金很难再保持以往优秀业绩。由此他们指出，基金业绩不具备持续性并不能说明基金市场所有基金经理都不存在选股选时能力或者基金花费资金研究市场无意义。

由此可知，当基金规模越小或者基金投资流流入越少，越可能保持业绩持续。但是另有证据表明，小规模基金存在冒险行为、大规模基金存在规模不经济，结果小规模、大规模基金都难以保持业绩持续性。综上所述，可以推断命题 H2。

命题 H2：中等规模基金以及规模变动较小的基金能保持较好的持续性，投资者对基金业绩更敏感。

基金投资者之所以根据基金历史业绩来申购基金，主要是因为历史业绩中包含了基金经理能力的信息，如果基金经理频繁变动，那么基金历史业绩预测能力大大降低。部分学者也发现，基金业绩之所以难以保持持续性，除了投资流对基金优秀业绩的积极响应以外，还因为基金经理变动过于频繁。因而得到命题 H3。

命题 H3：基金经理变动越频繁，申购对业绩越不敏感。

此外，如果基金业绩无法持续但是显著反转，而且基金中短线操作投资者占比较大，申购也会对业绩非常敏感，但申购与基金业绩负相关。由此可以推断命题 H4。

命题 H4：当基金业绩不具有持续性而是显著反转时，而且短期投资者较多时，申购对业绩也非常敏感，但与基金业绩负相关。

国外大多数文献发现基金投资流与业绩的关系是凸性正反馈关系，大多数资金集中流向业绩最优秀的基金组。这主要是因为投资者申购决策存在参与成本与信息成本。

在基金投资者存在较高参与成本时，投资者只能选择那些历史业绩优秀的基金，因为高历史收益意味着高的确定性等价。只有当确定性等价达到某个临界值时，投资者才会跨越参与成本的障碍，参与申购基金决策。其中，包括投资者看到基金历史收益时，判断是否有必要花费信息成本进一步考察基金的投资能力，如果基金投资能力也大于某种临界值，投资者就会申购基金（Huang et al.，2007）。

当参与成本较低时，投资者能够及时地了解基金业绩的预测能力，此时基金业绩预测能力越强，则投资者对业绩越敏感，而基金业绩如果不具有持续性，则投资者对业绩不敏感。由此，可以得到命题 H5。

命题 H5：参与成本较高的基金，投资者对基金差业绩不敏感，只对高业绩而且业绩预测能力强的基金敏感；参与成本越低而且基金业绩预测能力越强，投资者对基金业绩越敏感。

根据黄（2007）的研究发现，参与成本与基金投资者搜寻成本、信息成本等成本以及基金自身状况有关。基金的信息披露水平越高，参与成本越低。从基金投资者的角度来看，基金的金融扫盲程度或金融能力（financial literacy）越高、金融经验越丰富（financial sophistication），投资者参与成本越低。

由此得到命题 H6。

命题 H6：基金投资者接受的基金基础知识培训越多，经验越丰富，越能理性地对基金业绩作出反应。基金业绩预测能力越强，申购对基金业绩越敏感；基金业绩预测能力越差，申购对基金业绩越不敏感。

在基金业绩具有较强预测能力条件下，基金信息披露水平越高，投资者参与成本越低，因而对基金业绩越敏感。由于信息披露项目较多的基金、广告与销售费用支出较多的基金、与所处基金管理公司包含"明星基金"（star fund）的基金，信息披露水平较高。因而可以预期命题 H7。

命题 H7：在基金业绩预测能力较强情形下，基金信息披露水平越高，或者广告与销售费用支出比越高，或者所处基金管理公司包含明星基金，投资者申购对基金业绩越敏感。

当开放式基金在申购、短期赎回、投资者数量、份额数量、对新投资者关闭、提前通知等对投资者施加约束时，投资者 FPR 关系由凸性转为凹性，投资者对低业绩敏感，对高业绩不敏感。投资者对低业绩敏感，是因为基金对投资者的约束内生了新的约束，投资者预期到当业绩继续下滑时基金还将施加新的约束，因而业绩下滑时，投资者立即赎回。而基金在高业绩时对新投资者的关闭以及终止信息披露，会降低投资者对基金业绩的敏感性。由此可以推知命题 H8。

命题 H8：当开放式基金对基金投资者持有份额施加约束时，例如投资者申购、短期赎回、锁定期、提前告知等，在差业绩区间会提高投资者对基金业绩的敏感性，而在高业绩区间会降低投资者申购对业绩的敏感性，FPR 呈凹性。

3.1.3 λ 较低时，申购以非理性投资者为主

非理性投资者在面对复杂的不确定性选择时，存在系统的心理偏差，通常根据直观判断或经验法则，而不是应用贝叶斯法则更新自己的信念。在申购基金时投资者存在代表性心理偏差或者"小数法则"，误以为基金小样本的历史业绩能完整地代表基金未来业绩的概率分布，因而会选择历史业绩优秀的基金，即便基金业绩事实上不具有持续性。而且，投资者对自己拥有的信息过分自信，对基金业绩不能进行客观、全面地分析，其表现是投资者往往存在"过度交易"。此外，在投资者注意力有限的条件下，投资者通常只

能对那些能吸引其注意力（attention-grabbing）的基金作出反应，或者只对那些比较容易获得的信息作出反应，其中，基金业绩最差或是最好的基金通常最能吸引投资者的注意，因而投资者喜好投资于那些历史业绩优秀的基金。由以上所述可知命题 H9。

命题 H9：投资环境越复杂，基金投资者金融经验越是匮乏，教育程度越低，越容易对最好或最差的基金业绩作出反应。

由于个人投资者信息能力较弱、感性因素较多、理性成分较少，而机构投资者具有人才、信息优势，能对基金业绩等信息进行综合、全面的分析，因而可以预期命题 H10。

命题 H10：个人投资者比例越高，对基金业绩越敏感。

消费者行为理论认为，基金业绩之所以影响投资者的选择，是因为基金业绩是最重要的信息来源，同时也是最重要的筛选标准。而且，筛选标准往往决定了投资者的信息来源渠道。与普通消费产品不同，基金具有收益性、流动性、安全性等功能，这些功能往往相互矛盾，难以同时兼得。根据上述分析，可知命题 H11。

命题 H11：基金投资者的收益性目标取向越强，申购对业绩越敏感。

美国基金业的发展历史还表明，申购对业绩敏感性与基金投资目标有关。在 1945～1965 年，投资者投资基金主要关注的是基金的长期稳定收益，对短期业绩并不敏感，当时投资者换手率非常低，平均持有期为 6 年。

在 20 世纪 80 年代尤其是 90 年代以后，美国出现了许多高速增长的产业基金例如互联网、通信基金等，基金投资者的收益性目标增强，结果投资者特别倾向于追逐历史业绩优秀的基金。由此可以推断命题 H12。

命题 H12：基金投资目标越是短期化、偏股型、盈利性，申购对业绩越敏感。

按照行为金融理论，基金投资者之所以对基金业绩敏感，是因为基金业绩容易吸引投资者注意且容易获得，这样在代表性偏差的心理驱动之下，投资者申购对业绩非常敏感。国外文献还发现，如果基金的支出资产比较高，那么意味着基金管理能力较差。因而如果投资者信息处理能力强，参与成本非常低，那么在作出申购基金决策时，往往综合考虑各种有关基金管理水平的信息。因此，投资者申购对基金业绩敏感，可能是因为基金信息披露不充分、不及时所致。由此得到命题 H13。

命题 H13：如果基金业绩信息预测能力较差，基金业绩信息披露越充分、及时，越容易获得，同时投资者的信息处理能力越强，那么申购对业绩越不敏感。

此外，如果基金投资者与基金业绩相关的信息越多，例如销售支出比、基金经理更替、管理费用、管理人报酬、基金投资组合风险与收益等与基金业绩相关的信息越多，披露越及时，那么基金投资者将更多地通过这些指标推断基金未来业绩，不管基金业绩是否具有预测能力。因此，可以推断命题 H14。

命题 H14：除基金历史业绩以外，与基金业绩或经营能力相关的信息披露越多、越及时，越容易分析判断，投资者申购对业绩越不敏感。

3.2 基金业绩对赎回的作用机制

业绩作用于投资者赎回机制与其作用于投资者申购机制存在许多不同之处。

首先，投资者在申购时需要从近千只基金中选择几只基金，需要处理大量信息。美国投资公司协会调查显示，投资者在申购基金前需要从基金报告、广告、金融杂志、朋友等信息渠道获取大量的信息，包括基金业绩排名、基金经理声誉、基金所处管理公司等，而后筛选目标基金。而投资者赎回基金时只需要关注自己所持有的几只基金，无须花费巨额搜寻成本在众多基金中搜寻、筛选基金，因而业绩吸引投资者注意力、简化搜寻过程的作用在投资者赎回时不复存在。

其次，在信息处理方式上，投资者申购时会考察基金长时期的历史业绩，而赎回仅考察基金短时期历史业绩甚至仅考察基金当期业绩。国内开放式基金由于基金年报、半年报等管理信息披露较少，且较为滞后，一般为半年或年度数据，而基金净值或业绩排名数据比较及时，每天都及时披露，因而投资者主要根据基金份额净值或业绩排名指标进行赎回决策。

最后，从投资者的心理特点来看，申购与赎回也存在显著不同。在申购时，投资者风险偏好较为稳定，但在赎回时基金投资者的风险偏好随相对参照点（成本）的业绩，如账面盈利与亏损而改变。由于后悔厌恶、损失厌恶、认知紊乱等原因，投资者在高收益时风险规避增强，倾向于迅速赎回，获利了结，而在账面亏损时，后悔厌恶、损失厌恶心理使其不愿实现损失，因而会继续持有，期待翻盘。

　　与申购相似之处，基金业绩的预测能力也会作用于投资者赎回，基于基金业绩持续性信心，投资者会赎回历史业绩较差的基金。除了以上原因以外，投资者还会因为基金治理水平低与赎回的负外部性缺陷选择在基金业绩优秀时赎回。本章主要从行为金融理论角度对投资者基于业绩的赎回决策进行分析。

3.2.1　行为金融前景理论

　　国内外金融市场经常发现投资者具有尽快变现盈利而延迟实现损失的行为——处置效应，标准金融理论无法对此进行解释，但卡尼曼等（Kahneman et al.，1979）的前景理论（prospect theory）却可以较好地解释。在该理论中，投资者价值函数为"S"形（见图3.1），在赢利区间为凹函数（风险厌恶），在亏损区间却表现为凸函数（风险喜好），价值函数在亏损区间比赢利区间陡峭。赢利或亏损区间以参照点（如 O_1、O_2）为界。决策者在赢利与亏损时表现出的风险偏好态度迥然不同：在赢利时厌恶风险，而在亏损时则喜好风险。泰勒（Thaler，1983）利用其心理账户（mental accounting）框架为前景理论赢利与亏损的参照点确定提供了一个理论依据。

　　前景理论非线性、分阶段的风险偏好特点正是其区别于传统期望效用理论之处，与人们的心理特点非常吻合。基金投资者在账面赢利时往往喜欢尽快变现，把账面利润转化成现实利润，而在账面亏损时出于一种损失厌恶的心理，不甘心实现损失。

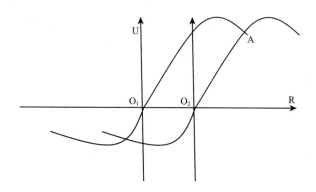

图 3.1　前景理论的价值函数

3.2.2 基金投资者的赎回模型

本书模型源自凯尔等（Kyle et al.，2005），该模型的主要特点是假定投资者具有前景理论偏好特征，基本面账面收益符合动态随机过程；由于拐点的存在，采用动态规划的鞅（martingale）过程来刻画投资者的赎回决策。假定基金投资者购买基金需要资金 k_0，随后需要成本，即：

$$dC_t = cdt \qquad (3-2)$$

以使基金维持下去，基金仅在投资者终止项目，或自然清算时支付一次[①]。自然清算概率为 λ，符合泊松分布。基本面变量 X 根据布朗运动加漂移项而变化，即：

$$dX_t = udt + \sigma dB_t \qquad (3-3)$$

其中，μ、σ 是常数；B_t 是与泊松分布 λ 无关的标准布朗运动。

令基金的自然停时为 τ_1；投资者赎回的时刻为 τ_2，项目在时刻 τ 结束，即：

$$\tau = \min\{\tau_1 、\tau_2\} \qquad (3-4)$$

基金赢利或损失等于基本面价值与成本之差，仅在基金终止或投资者赎回时实现，即：

$$Y_{t+\tau} = X_{t+\tau} - C_{t+\tau} \qquad (3-5)$$

一般情况下，可以把 c 视为银行利率，故而总成本包括初始投资与资金的机会成本。根据前景理论的思想，假定参照点 Y = 0，在基金赎回时，投资者的效用函数如下：

$$\mu_{t+\tau}(Y) = \begin{cases} \phi_1(1 - e^{-\gamma_1 Y}) & \text{if } Y \geq 0 \\ \phi_2(e^{\gamma_2 Y} - 1) & \text{if } Y < 0, \end{cases} \qquad (3-6)$$

其中，$\phi_1 > 0$，$\gamma_1 > 0$，$\phi_2 > 0$，$\gamma_2 > 0$。根据什弗里恩等（Shfrin et al.，1985）以投资者的盈亏平衡点 Y = 0 作为参照点。在参照点以上区间，是风险规避

[①] 为方便处理，由于期间分红次数较少，分红不纳入随机微分过程，可以视为投入或机会成本的减少。在后面的计量实证模型中，以分红为控制变量，可剥离其影响，与理论模型思想一致。

水平为 γ_1 的凹函数；在参照点以下区间，是风险喜好水平为 γ_1 的凸函数。进一步假定 $\phi_1\gamma_1 < \phi_2\gamma_2$，以保证在参照点附近对损失比赢利更为敏感。由于在参照点以下的凸性，对损失的敏感性随着损失的增大而趋于消失，因而该效用函数捕捉了前景理论的主要特征。

基金投资者可以通过选择最优的赎回时间 τ_2 求得赎回时的最大效用：

$$V(Y_t) = \max_{\tau_2} E_t[\mu(Y_{t+\tau})] \tag{3-7}$$

为简便起见，令折现率为 0。Y_t 是唯一的状态变量，度量投资者赢利或损失，在立即赎回时可以实现。赎回效用最大化问题可以重写为：

$$V(Y_t) = \max\{\mu(Y_t), \lambda dt[\mu(Y_t) - V(Y_t)] + E[V(Y_t + dY_t)|Y_t]\}$$

$$\tag{3-8}$$

其中，大括号第一项 $\mu(Y_t)$ 是立即清算的价值；第二项是继续持有基金的价值。注意到 λdt 是基金在时期（t, $t+dt$）自然清算的概率；$\mu(Y_t) - V(Y_t)$ 是该事件中价值函数的变化。由于自然过程的发生与 Y_t 无关，故而是否进行清算取决于自然支付的期望发生率。

在 $\mu(Y_t) > \lambda dt[\mu(Y_t) - V(Y_t)] + E[V(Y_t + dY_t)|Y_t]$ 的区间，基金投资者立即赎回，该区间称为停止区间，$\mu(Y_t) = V(Y_t)$。在停止区间的补集，为持有区间：

$$V(Y_t) = \lambda dt[\mu(Y_t) - V(Y_t)] + E[V(Y_t + dY_t)|Y_t] \tag{3-9}$$

如果 V 是光滑的，那么运用 Ito 定律，在持续区间可以得到以下微分方程：

$$1/2\sigma^2 V_{YY} + (\mu - c)V_Y - \lambda V + \lambda\mu(Y) = 0 \tag{3-10}$$

以下参数标志着基金基本面特征：

$$v = (\mu - c)/\sigma^2, \rho = \lambda/\sigma^2 \tag{3-11}$$

其中，v 代表基金风险调整后的收益率（夏普比）；ρ 代表基金自然清算在风险调整以后的发生概率。令 $\sigma^2 = 1$，代入 v，ρ 可以把（9）式改写为：

$$1/2V_{YY} + vV_Y - \rho V + \rho\mu(Y) = 0 \tag{3-12}$$

方程（3-12）是非同质的，同质部分是 $1/2V_{YY} + vV_Y - \rho V = 0$，其通解为：

$$V = A_1 e^{a_1 Y} + A_2 e^{a_2 Y}, \tag{3-13}$$

其中，A_1，A_2 是常数；a_1，a_2 是二次方程 $1/2a^2 + va - \rho = 0$ 的解，因此有：

$$a_1 = -v + \sqrt{v^2 + 2\rho} > 0, a_2 = -v - \sqrt{v^2 + 2\rho} < 0 \qquad (3-14)$$

非异质方程差分方程（3-11）的通解是其同质部分的通解加上一个特解。

3.2.3 参照标准：传统的指数效用函数下的最优赎回决策

在传统的指数效用函数下，基金投资者的效用函数是一个单阶段效用函数：

$$\mu_0(Y) = \phi_1(1 - e^{-\gamma_1 Y}) \qquad \forall \quad Y \in (-\infty, +\infty) \qquad (3-15)$$

如果投资者持续持有基金直至自然清算，其价值函数是方程（3-11）的一个解，用 $\mu_0(Y)$ 代替 $\mu(Y)$。其解如下：

$$V_0(Y) = \phi_1(1 - g_1 e^{-\gamma_1 Y}), \text{其中} g_1 = \rho / (\rho + v\gamma_1 - 1/2\gamma_1^2) \qquad (3-16)$$

为了防止 $V_0(Y)$ 迅速增大（或者 $g_1 > 0$），假定夏普比满足以下约束：

$$v > 1/2\gamma_1 - \rho/\gamma_1 \qquad (3-17)$$

对传统的指数效用函数（单阶段）由于不是从底端跳跃，因而须施加上述约束，而对前景理论下的两阶段指数效用函数则不必如此。

投资者立即赎回的效用为 $V(Y) = \mu_0(Y)$。很容易看到，如果 $g_1 \leq 1$ 或 $v > 1/2\gamma_1$，那么 $\mu_0(Y) < V_0(Y)$，$\forall Y \in (-\infty, +\infty)$，这意味着自愿赎回永远不是最优的。相反，如果 $g_1 > 1$，或等价地，$v \leq 1/2\gamma_1$，当即赎回要优于自然清算。进一步，当夏普比 $v \leq 1/2\gamma_1$，$\mu_0(Y)$ 是一个上鞅（supermartingale），因为有：

$$E_t[d(\mu_0(Y))] = [1/2\mu_{0,YY} + v\mu_{0,Y}]\sigma^2 dt = -\phi_1\gamma_1(1/2\gamma_1 - v)e^{-\gamma_1 Y}\sigma^2 dt \leq 0,$$
$$(3-18)$$

假定自愿赎回在某一停时 τ_2 发生，根据上鞅的性质，赎回的期望价值函数：

$$V(Y_t) = E_t(\mu_0(Y_{t+\min\{\tau_1, \tau_2\}})) \leq \mu_0(Y_t), \qquad (3-19)$$

由式（3-19）可知，当 $v \leq 1/2\gamma_1$，投资者时的最优赎回决策是立即赎回。

推论 1：对于一个具有传统的指数效用函数的基金投资者，当 $v \leqslant 1/2\gamma_1$，投资者的最优赎回决策是立即赎回；当 $v > 1/2\gamma_1$，投资者的最优赎回决策是从不赎回，等着基金自然清算。

3.2.4 前景理论下的最优赎回决策

根据基金投资者的两阶段指数效用函数，其赎回决策行为决定于以下四种情况的夏普比 v（风险调整期望收益）与基金账面损益 Y 情况。为了讨论的方便，以下给出投资者效用 $\mu(Y_t)$ 的局部性质。

推论 2：（1）如果 $v > 1/2\gamma_1$，$Y > 0$ 时的价值过程 $\mu(Y_t)$ 是一个半鞅（submartingale）；否则是一个上鞅（supermartingale）。（2）如果 $v > -1/2\gamma_2$，当 $Y < 0$ 时的价值过程 $\mu(Y_t)$ 是一个半鞅；否则是一个上鞅。（Kyle et al., 2005）

定义从不赎回的期望价值函数为：

$$V_0(Y_t) = E_t\left[\mu(Y_{t+\tau_1})\right] \qquad (3-20)$$

其中，τ_1 表示自然清算的泊松到达时刻；$V_0(Y_t)$ 是常微分方程的解，具有推论 2 的性质，其边界条件是：$V_0(-\infty) = -\phi_2$，$V_0(\infty) = \phi_1$。$V_0(Y_t)$ 随着 Y，ν 单调递增。

最优的赎回策略存在四种情形：

情形 1：$V_0(0) > \mu(0)$，并且 $\nu > 1/2\gamma_1$。

在该情形下，夏普比非常高，投资者的最优决策是继续持有基金，不主动赎回。根据推论 2 以及半鞅的性质（$V(Y_t) = E_t(\mu_0(Y_{t+\min\{\tau_1, \tau_2\}})) > \mu_0(Y_t)$，）无论是在赢利或是损失区间，投资者的最优策略都是从不赎回，直至基金自然清算。在参照点，投资者立即赎回的效用也小于自然清算的效用。因此，投资者从来不会自愿选择赎回。

情形 2：$V_0(0) < \mu(0)$，并且 $\nu > 1/2\gamma_1$。

在这种情形下，夏普比足够高，在标准的指数效用函数下，投资者从不选择赎回。但是在前景理论效用函数下，夏普比还不够高，以至于投资者在参照点选择赎回。在赢利或损失区间（$Y > 0$ 或是 $Y < 0$），由于 $\mu(Y_t)$ 是半鞅，投资者都不会选择赎回。投资者最优策略是仅在参照点赎回，其他任何区间都选择继续持有。

情形3：V_0（0）$<\mu$（0），并且 $-1/2r_2 <\nu<1/2\gamma_1$。

在此情形下，基金的夏普比不够高，在传统效用函数下的投资者选择立即赎回。但前景理论效用函数下，根据推论2，在损失区间，价值过程 μ（Y_t）是一个半鞅；而在赢利区间，价值过程 μ（Y_t）是一个上鞅（V（Y_t）$=E_t$（μ_0（$Y_{t+min}\{\tau_1,\tau_2\}$）））$\leq\mu_0$（$Y_t$））。因而在赢利时，投资者立即赎回；而处于亏损时，投资者不会选择立即赎回。在参照点，根据条件 V_0（0）$<\mu$（0），立即赎回要优于不赎回。

情形4：V_0（0）$<\mu$（0），并且 $\nu<-1/2r_2$。

在此种情形，根据推论2，由于价值过程 μ（Y_t）总是是一个上鞅，而且 V_0（0）$<\mu$（0），投资者的决策是立即赎回。

3.2.5 投资者赎回相关理论假设

根据以上模型推断与分析可知，当基金夏普比（ν，相当于期望风险调整收益）高于投资者的主观风险报酬（$1/2r_1$ 或 $-1/2r_2$），投资者倾向继续持有开放式基金。由此可知命题 H15。

命题 H15：基金基本面状况越好，投资者风险规避越小或者主观报酬率越低，投资者越倾向于继续持有开放式基金。

此外，由前景理论模型可知，当基金处于盈利区时，其他条件不变情况下，投资者风险规避增加，更易赎回，因而可以推知命题 H16。

命题 H16：基金业绩越好，投资者越倾向于赎回基金。

前面的赎回模型是针对单个基金投资者而言的，其行为不可观察，我们只能获得一些总量数据，因而有必要做此假设，把理论模型与计量实证衔接。

从美国著名决策理论专家马基纳（Machina）教授[①]（decision theory）在中国的课堂实验来看，在赌博或投资时，绝大多数中国学生同样具有前景理论偏好：风险态度随账面收益而变化，在赢利时厌恶风险，而在损失时喜好风险。此外，阿尔克斯等（Arkes et al.，2007）利用美国、韩国、中国的实验数据，也发现三个国家的实验都支持前景理论偏好假说。由此可知命题 H17。

命题 H17：在所有开放式基金投资者中，具有相当多数量前景理论类型

---

① 2008 年教育部主办了全国研究生高级微观经济学暑期学校，美国马基纳教授讲授决策论。

偏好的投资者，其参照点为盈亏平衡点 0，风险态度大致相同。

根据投资者的两阶段指数效用函数曲线，对于单个投资者而言，参照点 $Y = 0$ 是一个拐点，损失敏感态度变化非常大（$\mu'(0-) > \mu'(0+)$），在参照点最有可能表现出显著的门限特征。由于在参照点 $Y = 0$ 时，$Y_{t+\tau} = X_{t+\tau} - K_{t+\tau}$，因而 $X_{t+\tau} = K_{t+\tau}$。考虑到基金投资者购买基金在不同时间进行，购买成本不同，用基金收益率代替 $X_{t+\tau}$ 较好。而在投资者渠道狭窄的情况下，基金机会成本 $K_{t+\tau}$ 主要是银行存款利率，相对较小。因此，根据假设 H17，在开放式基金市场中，对应于参照点 $Y = 0$ 的门限效应，基金的赎回行为在基金收益率等于零附近可能存在门限效应。而且，根据理论模型，随业绩提高，投资者对损失更敏感。

当然，这也与开放式基金赎回机制固有缺陷有关。由于开放式基金有义务以基金份额净值随时赎回给投资者，当基金份额净值较高，而且基金资产未实现资本利得较高时，开放式基金中先赎回的投资者会给后赎回者带来负外部性——稀释效应。在极端的情况下，投资者的大面积赎回类似于银行的"挤兑行为"，会使基金遭致清算。如果对基金的短期频繁赎回，缺乏必要的约束，基金投资者之间将会出现"囚徒困境"——个人理性导致集体的不理性。开放式基金的这种制度缺陷，可能导致部分投资者在基金份额净值超过购买成本时，捷足先登，先赎为快，尤其是市场信心下降与基金没有设置短期约束时。由此可知命题 H18。

命题 H18：开放式基金赎回在基金收益率 0 附近存在门限效应，业绩对赎回影响系数存在门限转换特征：由低业绩到高业绩阶段，投资者更易选择赎回。

以上主要应用行为金融前景理论刻画了基金投资者赎回决策过程。事实上，影响开放式基金投资者根据业绩进行赎回决策的因素还很多，例如基金投资者与管理者的代理冲突、开放式基金赎回机制固有的外部性缺陷、基金监管部门对投资者保护等，开放式基金赎回与业绩的关系，是以上各种因素综合作用的结果。

3.3　本章小结

本章探讨了开放式基金投资者基于基金业绩进行申购、赎回的决策机制，并根据相关理论文献提出了理论假设。

　　基金投资者申购与基金业绩关系，主要取决于理性投资者与非理性投资者的比例、基金业绩预测能力，以及基金业绩信息源作用大小。基金理性投资者占比越高，业绩持续性越强（或显著反转），投资者越倾向于利用基金历史业绩来推断基金未来业绩，申购对基金业绩越敏感。基金规模变动、基金经理变动都是影响基金业绩预测能力的重要因素，参与成本与业绩相关信息披露水平（基金业绩以外）是影响基金业绩信息源作用大小的重要因素。因此，基金规模变动、基金经理变动、参与成本、信息披露水平都会影响投资者申购与基金业绩的关系。

　　基金投资者赎回与基金业绩关系，主要取决于投资者主观期望报酬（风险规避）与基金基本面预期风险调整收益率（夏普比）的对比，以及基金相对业绩（盈利区间还是亏损区间）。如果基金夏普比相对高于投资者主观风险规避，投资者倾向于继续持有基金，否则，投资者将立即赎回。在盈利期间由于风险规避态度增强，投资者更易赎回基金。

第4章 开放式基金发展沿革与投资者特征

本章主要对比分析美国与中国开放式基金的发展变迁过程及其各自的投资者特征变化，以借鉴美国的成功发展经验。之所以选择美国作为借鉴，是因为美国是世界上基金业发展最成功的国家，无论是基金数量、基金从业人数还是基金资产总额，美国都是全球第一，根据表 4.1 可知，从 2001~2008 年，除了 2006 年与 2007 年美国基金总资产占世界基金总资产略低于 50% 以外，其他所有年份都超过 50%。

表 4.1 　　　　　2001~2008 年世界各地区互助基金总净资产 　　　单位：亿美元

年份	全球	美洲	美国	欧洲	亚太地区	中国
2001	116548.68	74331.06	69749.13	31679.65	10392.36	N/A
2002	113241.28	67762.89	63903.58	34629.99	10638.57	N/A
2003	140483.11	79695.41	74144.01	46828.36	13614.73	N/A
2004	161647.95	87924.50	81069.39	56404.52	16778.87	N/A
2005	177710.27	97639.21	89048.24	60022.61	19392.51	N/A
2006	218075.05	114690.62	103965.08	78039.06	24565.11	N/A
2007	261295.64	134211.49	119995.23	89348.64	36783.30	4340.63
2008	189745.21	105794.30	96010.90	62881.38	20375.36	2763.03

资料来源：美国投资公司协会（2019）_factbook。

4.1　美国开放式基金发展沿革与投资者特征

4.1.1　美国开放式基金发展沿革

4.1.1.1　美国开放式基金发展初期（1940 年以前）

1924 年，美国成立了第一只开放式基金——马萨诸塞投资信托（massachusetts investment trust，MIT)，当年即吸引了 200 名投资者，信托价值 39.2 万美元。MIT 起初投资于 19 只蓝筹股、14 只铁路股、10 只公共事业股和 2 只保险公司股，并将销售费用有效地控制在 5% 的水平上。最初的资产规模只有 5 万美元，宗旨是为投资人提供专业化投资管理，其管理机构是马萨诸塞金融服务公司。这一基金发展较为成功，至今依然存在，其资产现已超过 10 亿美元，投资者高达 8.5 万余人。

之后，其他开放式基金相继设立且纷纷效仿 MIT，但远不如封闭式基金盛行。在 1926 年的 139 只基金中仅有 3 只开放式基金（到 1929 年也仅有 19 只)，总资产仅有 1.4 亿美元，占总基金资产的 5% 左右。

1929 年爆发了全世界的资本主义经济危机，全球股市崩溃且持续下跌，至 1933 年道琼斯工业平均指数下跌 34%，封闭式基金资产净值也下跌近 72%，其投资方向与管理方式不为大众所认同，其优势逐渐失去，在整个 20 世纪 30 年代未能推出 1 只封闭式基金。股市的崩溃同样降低了开放式基金的市值，但开放式基金可随时赎回、不能过度借款、投资组合较好、流动性高等优点则开始凸显出来。

随着罗斯福总统的上任，美国为治理危机、恢复经济，提出了许多规范市场交易、保护中小投资者的法规，例如：1933 年的《证券法》①，1934 年的《证券交易法》② 与《税法》③，1940 年的《投资公司法》与《投资顾问法》。随着这些法律法规对基金投资者权益保护逐渐加强，开放式基金发展日益健康、有序，其基本价值逐渐获得投资者认可，占基金总资产比例开始提高。

4.1.1.2 开放式基金稳步增长期（1940～1978 年）

其后，美国开放式基金业开始缓慢而稳健地增长，到 1943 年开放式基金市场份额首次超过封闭式基金。根据美国投资公司协会（ICI）数据，1940 年美国开放式基金总数只有 68 只，到 1950 年则发展为 98 只，而到 1960 年、1978 年则分别达到了 161 只、505 只。基金管理的资产规模也由 1940 年的 0.45 亿美元增加至 1950 年的 2.3 亿美元、1960 年的 17.03 亿美元、1978 年

---

① 其覆盖领域较共同基金更为广阔，制定了公开发行证券的规则。制定了公开交易有价证券的交易规则以及销售机构和过户代理人必须遵守的规则。

② 制定了公开交易有价证券的交易规则以及销售机构和过户代理人必须遵守的规则。

③ 政府将共同基金投资公司确定为一个新的行业，获得了重要的税收减让。

的 55.84 亿美元。基金份额开户数也一直在增长，由 1940 年的 29.6 万户发展到 1971 年的 1090.1 万户，之后由于 20 世纪 70 年代持续熊市略有回落，到 1978 年仍有 850 万户。其变化可以由图 4.1 直观显示。

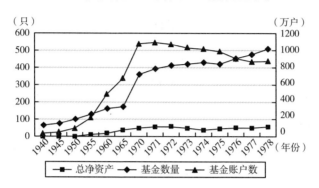

图 4.1 美国开放式基金稳步增长期（1940～1978 年）

1943 年，开放式基金市场份额首次超过封闭式基金，并且相对份额从此以后一直增长。资料表明①：在美国，1940 年开放式基金资产为 44.7 亿美元，封闭式基金资产为 61.3 亿美元，两者之比 0.73∶1；1972 年，开放式基金资产为 624.56 亿美元，封闭式基金资产仅为 67.42 亿美元，两者之比达到 9.26∶1。

在投资风格上，20 世纪 50 年代以前开放式基金都是以储蓄保值型为主，之后开始趋向于股票型。到 1965 年，大约有 50% 的基金资产是投资于股票资产上，促进了股市的繁荣。进入 70 年代后，除封闭型基金不断萎缩与开放式基金不断增长以外，货币市场基金（MMF）开始出现。至此，投资基金由长期投资为主开始转向长短期投资并重。

债券和固定收入型个人基金也开始出现，退休投资工具的变革促进了开放式基金产品的创新与发展。例如，退休账户于 1974 年开始出现，第一个免税政府债券基金于 1976 年设立，401（K）退休计划和自雇者个人退休计划于 1978 年开始实施。这些退休工具持续地扩大了对开放式基金的需求，而且改善了开放式基金的投资者结构。与此相应，开放式基金对投资者服务也开始提高，例如 24 小时电话服务、账户信息电算化、股东信件等。

美国国会对开放式基金的监管体系也日趋完善。20 世纪 60 年代开放式基金的迅速增长使国会对开放式基金业提出了新的要求，因而 1962 年、1963

---

① 袁东. 关于投资基金制度几个问题的认识：对发达国家投资基金与证券市场相关关系 [J]. 投资研究，1997（12）：15－24。

年和 1966 年，美国证券交易所调查或委托调查了基金份额持有者与基金管理公司之间的利益冲突，促使 1970 年对《投资公司法》进行修订，增强了国家对基金份额持有者的保护。

4.1.1.3　快速增长期（1979～2000 年）

步入 20 世纪 80 年代尤其是 90 年代以后，由于监管体系的完善，对基金投资者保护增强，加之美国经济发展与股市上涨，开放式基金开始进入快速发展的良性轨道。从 1979 年开始，开放式基金无论是基金数量、净资产或是开户账户数都保持了快速持续增长。在基金数量上，开放式基金由 1979 年的526 只增加到 2000 年的 8155 只；基金总资产由 1979 年的 94.51 亿美元增加至 2000 年的 6964.63 亿美元，并且 1999 年高达 6.846 万亿美元，首次超过商业银行资产总量 5.84 万亿美元；基金开户数由 1979 年的 979 万户上升至2000 年的 2.44 亿户，增加了 24 倍。如图 4.2 所示。互助基金种类比较齐全，在 2000 年，股票型互助基金 3.962 万亿美元，超过 50%，混合型基金 0.35万亿美元，债券型基金 0.811 万亿美元，货币市场基金 1.845 万亿美元。开户账号散户化非常显著，在所有互助基金中，个人账户基金资产总额为6.236 万亿美元，而机构投资者账户仅有 0.728 万亿美元。开放式基金的相对份额也进一步提高：1993 年，开放式基金资产为 1.8 万亿美元，封闭式基金资产仅为 900 亿美元，两者之比达到 20∶1；更有甚者到 1996 年，开放式基金资产为 35392 亿美元，封闭式基金资产仅为 1285 亿美元，两者之比达到27.54∶1；30 年间，美国的开放式基金由占封闭式基金的 73% 迅速发展为封

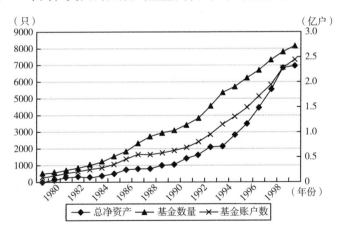

图 4.2　美国开放式基金的快速发展期（1979～2000 年）

闭式基金的 28 倍，并且发展速度呈上升趋势。

　　除此以外，开放式基金还呈现出其他显著的变化。

　　首先，开放式基金销售渠道多样化，除了传统的银行渠道以外，"一篮子"打包计划、网上销售、理财顾问都是重要的销售渠道。

　　其次，基金产品开始变得丰富多样，在 1970 年共同基金只有 3 类，而到了 2000 年共同基金已发展为 33 类，可以较好地满足投资者的各种不同偏好。在基金产品中，与美国新经济相应，产生了许多新的功能基金（performance fund）。这些基金都以追求产业高增值收益为目标，1998～2000 年，美国股票基金吸收的 6500 亿美元新资金，几乎全部投入到新成立的投机、高绩效、激进成长的基金中（Bogle，2005）。由于基金产品多元化，互助基金在金融市场上的地位日益稳固，占家庭金融资产市场份额逐年提高，互助基金占家庭资产比例由 1990 年仅为 6.7% 提升到 2000 年的 18%。

　　最后，开放式基金管理者的投资目标与决策过程发生了显著变化。基金管理者由服务管理员（stewardship man）变成了营销员（salesman），以追求资产规模提取管理费为目标。决策过程也不再由基金投资委员会作出，而是由基金经理作出，基金的投资目标短期化，不是长期投资而更像是短期投机。与此相应，基金投资者换手率提高，1980 年换手率为 51%，而 2000 年换手率提高至 108%，持有期不足一年。

4.1.1.4　发展现状（2001 年至今）

　　2001～2009 年，虽然 2000 年美国网络股破灭以及 2007 年发生次债危机，但美国开放式基金份额一直在增长，基金净资产与基金账户数整体上也保持增长趋势，仅在 2007 年有所回落，如图 4.3 所示。开放式基金在该时期变化

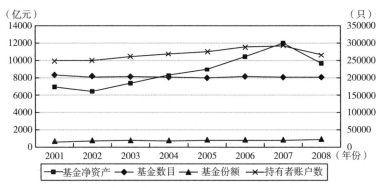

图 4.3　美国开放式基金在 2001～2008 年的变化

与 2000 年前后发展趋势较为相似。

（1）开放式基金数目依然非常大，在 2001 年达到 8305 只，虽然此后缓慢下降，在 2006 年最低时仍然达到 7975 只，而且种类非常多。这给基金投资者带来的一个现实问题是难以选择，选择基金甚至比选择股票还要困难，在 1945 年，选择基金至少有 3/4 的概率能与股票市场收益平行，而 2005 年仅有 1/7 的概率。

（2）基金投资目标依然短期化，基金经理不再代表投资人利益，而是代表基金管理者的利益，追求资产规模的最大化。投资决策不经过投资委员会，而是直接由基金经理进行，基金业内重视基金经理创业精神。这种投资策略提高了基金证券组合的换手率，1945～1965 年，每年证券组合换手率为 17%，而 2005 年换手率达到了 110%。

（3）短期投资策略以及高换手率带来的结果是基金支出比非常高，1945 年最大资产规模基金（7 亿美元）支出比仅为 0.76%，而到了 2004 年，25 只最大规模基金（2.5 万亿美元），支出比却达到 1.56%。

（4）股票基金倾向于持有高风险高收益的股票。1945 年股票基金大多高度分散地投资于市值较高、风险与市场相称的股票，而 2004 年在 4200 只股票基金中仅有 579 只基金与其先驱的投资组合分散投资大盘蓝筹股相似。此外，基金业引以为豪的是有 455 只股票基金投资于高科技到通信等产业。

（5）基金业竞争激烈，基金之间优胜劣汰。由表 4.2 可知，在美国开放式基金起初发展的几十年内，开放式基金"创立并持续"（built to last），90 年代是基金大量形成的标志。但是随着美国新经济的破灭，2000 年后，许多基金刚创建不久就破产或者被其他优秀基金兼并，淘汰出局、"设立即被清算"（born to die），同时又有许多新基金开始设立。

表 4.2 美国股票基金的成立与清算

年代	新基金数	新发行基金比例（%）	基金清算数	基金清算率（%）
20 世纪 50 年代	28	80	10	13
20 世纪 60 年代	211	88	37	21
20 世纪 70 年代	123	34	202	61
20 世纪 80 年代	534	110	78	17
20 世纪 90 年代	1604	125	462	36
21 世纪 10 年代	980	52	1045	56

资料来源：Bogle（2005）。

4.1.2　美国开放式基金投资者特征

回顾美国开放式基金的发展，开放式基金投资者主要有两大特征：一是开放式基金投资者结构不断发生变化；二是同一类别开放式基金的投资者行为随股票市场环境、基金策略而发生变化。

4.1.2.1　美国开放式基金投资者结构

在早期，开放式基金投资者结构较为单一，大多由分散的投资者组成。由于基金具有廉价流动性、投资门槛较低、分散化投资、低成本专家管理等优点，而且收益与风险适度，对这些投资者而言，开放式基金是一种理想的理财工具。因此，早期的开放式基金投资者主要是那些分散的、资本较少、投资与信息能力较差、且追求储蓄与流动性的个人投资者。

随着开放式基金的发展，对基金投资者保护的加强，而且美国对开放式基金的监管体系逐渐完善，各类投资者开始认同开放式基金。尤其是在 1974 年退休账户，1976 年的免税政府债券基金、1978 年 401（K）退休计划和自雇者个人退休计划开始实施以后，为实施退休计划而购买开放式基金的家庭投资者开始成为开放式基金中的重要组成部分。根据美国投资公司协会 2008 年统计，美国退休资产在 2008 年 9 月 30 日总共达到 15.9 万亿美元，2008 年 6 月 30 日曾高达 16.9 万亿美元。其中，个人退休账户（IRAS）持有 4.1 万亿美元，46% 投资于开放式基金中。401（k）、403（b）退休计划以及其他雇主主持的固定收益退休计划在 2008 年第三季度末达到 1.9 万亿美元，47% 投资于开放式基金中。生命周期互助基金在第二季度管理资产为 200 万亿美元，在第三季度为 187 亿美元，90% 左右为退休计划账户。

在基金投资者结构中，除了存在不同投资目标的个人投资者以外，还存在不同的机构投资者，例如保险基金、养老基金、医疗基金、慈善基金、教育基金、教堂与宗教组织等，这些基金由于自身信息或投资等方面能力处于劣势（Gruber，1996），往往并不直接投资于股票等投资组合，而通常是同时购买不同开放式基金，所谓"基金中的基金"（fund's fund），以提高收益，降低风险。在 1990 ~ 1994 年，投资于互助基金的保险基金、退休计划、医疗基金、慈善基金、基金会、教堂与宗教组织等长期资产都比其他投资者增长要快得多，如表 4.3 所示。

表 4.3   1990～1994 年开放式基金中的长期机构投资者

项目	1990 年（亿美元）	1994 年（亿美元）	百分变化（%）
信托者	638.750	2008.952	2.145
商业公司	100.331	310.610	2.096
退休计划	471.022	2130.142	3.522
保险公司等	208.816	1158.161	4.546
工会	5.138	9.008	0.753
教堂与宗教组织	9.692	40.872	3.217
互助、福利等协会	11.827	26.540	1.244
医院、疗养院与孤儿院	4.194	11.098	1.646
学校与大学	8.662	20.094	1.320
基金会	5.645	26.379	3.673
其他	97.480	329.395	2.379
合计	1561.557	6071.251	2.888

资料来源：美国投资公司协会（1995）Fundamentals。

　　教育计划也是美国开放式基金重要的投资者。美联储的一项报告显示，12% 的储蓄是为教育支出做准备，而美国投资公司协会 2004 年的报告则表明，开放式基金家庭持有者中 30% 的人表示开放式基金是一种低风险、预期稳定的教育筹资方式。而美国投资公司协会 2007 报告显示，教育储蓄的免税计划（529 条款）账户余额已由 1998 年的 2 亿美元上升到 2006 年的 900 亿美元，且 96% 以上投资于开放式基金。

　　从基金投资者持有期来看，短线操作投资者（rapid timing investors）与长期投资者并存，短线投资者对基金短期业绩非常敏感，其换手率非常高，而长线投资者通常是为了某一特殊投资目的，并不太关注基金短期业绩变化。短线与长线投资者对业绩的反应敏感度与反应方向也存在差异。

　　开放式基金投资者结构除以上不同以外，还存在外国投资者与本地投资者，青年、壮年与老年投资者，富裕投资者与普通投资者，精明投资者、劣势投资者（Gruber，1996）等不同。总之，美国开放式基金投资者结构越来越趋于复杂，区分各种不同投资者的投资目标、偏好、信息与投资能力以及交易特征有利于进一步理解开放式基金投资者的特征。

4.1.2.2　美国开放式基金投资者行为

近年来，美国开放式基金投资者行为表现出以下四种特征。

（1）投资短期化，换手率提高，持有期明显变短。在 1950 年以及随后的 12 年，基金投资者平均换手率仅为每年资产的 6%，持有期为 16 年，与那时的基金经理奉行长期投资理念一致。随着基金业投资理念往绩效、投机、专业、集中转变，基金行为越来越酷似股票，投资者短期投资倾向加大，到 2002 年，赎回率升至每年资产的 41%，平均持有期不足 3 年。

（2）由于开放式基金数量增多，选择基金甚至难于股票，投资者越来越倾向于采纳金融咨询专家意见选择基金。根据美国投资公司协会数据，在 2007 年底，56% 的家庭互助基金资产通过专业的金融咨询机构持有，24% 通过固定报酬（DC）退休计划，只有 14% 直接通过互助基金公司持有，其余 6% 家庭资产通过经济人或者基金超市购买。购买互助基金家庭投资者，62% 是通过朋友、家庭成员、商业协会与这些专业金融咨询机构发生联系。

美国投资公司协会 2008 年研究还发现，家庭投资者之所以选择专业金融咨询机构，是因为其不仅可以帮助家庭投资者购买基金，而且可以提供广泛的投资与计划服务，例如发横财或者生小孩；家庭投资者缺乏金融专业知识，在面对金融决策时往往无所适从；许多家庭投资者通过金融咨询机构购买基金，而那些不喜欢上网搜寻基金信息的家庭投资者、年老的投资者、家庭资产较大的投资者以及女性投资者更偏好于咨询金融机构。

（3）投资者越来越表现出明显的业绩—追逐行为。在美国开放式基金成立早期，投资者之所以购买开放式基金，是因为其具有收益稳定、流动性高、安全性等优点，而且当时选择基金非常容易。随着美国新经济成功、资本市场快速发展，以高科技产业基金为主的股票基金在短期即能获得高额的收益，基金经理投资策略短期化取向增强，基金投资者目标倾向于获取短期收益，由于筛选基金非常困难，投资者往往选择过去收益较高的基金进行投资。值得关注的是，投资者往往集中在那些业绩最好的开放式基金。奥尼尔（O'Neal，2004）还发现，那些根据金融咨询专家选择基金的投资者对业绩更敏感。

（4）基金投资者在基金申购决策与赎回决策上，对信息处理不一样。根据美国投资公司协会 1997 年的研究报告，在申购基金前，基金投资者会广泛地浏览有关基金的各种信息，包括基金风险、总收益或收益率、投资目标与投资类型以及所属管理公司声誉。投资者主要通过专业金融咨询机构或者载有投资简讯的文章、报纸以及杂志获取此类信息。

购买基金以后，所有调查者则仅仅通过投资者的基金账户价值、基金收益率、每股价值、影响基金投资的经济状况与风险水平对基金进行监督。被调查的基金投资者通常根据三种信息来源来监督基金投资，其中两个是投资者的基金账户价值与基金年报。

4.1.2.3 美国开放式基金发展趋势

美国开放式基金的发展趋势包括以下四个方面。

（1）开放式基金需求受投资者金融目标与世界经济金融状况影响，基金之间竞争加剧。家庭投资者青睐于股票、债券与混合式基金，以实现其个人长期金融目标，例如退休计划。而商业公司、机构投资者等投资者则将货币基金视为现金管理池，实现其高度流动性与短期收益目标。世界经济与金融状况也影响基金投资者对不同风格基金的需求。随着次债危机的发生，在2008 年货币市场基金占比高达 40%，而股票型开放式基金占比则将为 1994年以来最低——39%。

开放式基金之间竞争加剧，但资产更加集中于少数基金管理公司。长期的动态机制阻止任何单一公司或集团主宰整个基金市场，美国 1985 年的最大的 25 家基金管理公司，现在仅剩下 10 家。但是大基金管理公司的资产规模却在上升，最大的 25 家基金公司由 2000 年的 68% 上升到 2008 年的 75%，除此以外，最大的 10 家基金管理公司资产总量占整个互助基金业资产比例由2000 年的 44% 上升至 2008 年的 53%，如表 4.4 所示。

表 4.4   最大互助基金混合体资产份额（每年基金业资产的百分比）   单位:%

项目	1985 年	1990 年	1995 年	2000 年	2005 年	2007 年	2008 年
最大 5 个基金管理公司	37	34	34	32	37	38	38
最大 10 个基金管理公司	54	53	47	44	48	50	53
最大 25 个基金管理公司	78	75	70	68	70	71	75

资料来源：美国投资公司协会（2009）Fundamentals。

（2）投资者对互助基金需求有所下降，2008 年各类互助基金净资金流入是 4110 亿美元，接近 2007 年的 1/2。这是因为 2007 年的市场塌陷在 2008 年进一步持续与加强。

（3）投资者对长期互助基金需求减少。2008 年，投资者从股票、混合、债券型互助基金中撤出净投资流 2260 亿美元，这是 1998 年以来首次出现的资金净流出。从负荷基金（包括前端负荷基金与后端负荷基金）中的资金净流出达到 1460 亿美元。2008 年投资者从股票基金中撤出资金 2340 亿美元。投资者偏好持有低费率、低支出、低换手率的股票基金，基金资产大部分集中于低—中支出与换手率的基金。

（4）净投资于货币市场基金中的资金，尤其是美国政府债券基金，在 2008 年仍然很强劲，反映了投资者在金融市场危机中越来越重视资产安全性。零售货币市场基金在 2008 年获得了 1120 亿美元的净现金流。机构投资者账户的货币市场基金——用于商业、国家或地方政府，大的投资者获得了 5250 亿美元的净流入，多于 2007 年的 4830 亿美元，这是因为 2008 年短期利率较低，信贷市场混乱、流动性低，而且公司信誉质量下降。

4.2　中国开放式基金发展沿革与投资者特征

4.2.1　中国开放式基金发展沿革

中国开放式基金从 2001 年开始设立第一只开放式基金，至今还不到 20 年。为了对开放式基金发展的历史背景有一个较好的认识，本书先回顾了老基金与封闭式基金的发展历程，在此基础上进一步回顾开放式基金的发展轨迹。

4.2.1.1　老基金与封闭式基金阶段（1985～2001 年）

我国开放式基金最早起源于 1985～1990 年，当时中国国内金融机构与国外金融机构合作推出了"中国投资基金"，这虽然仅面向海外投资者，但一定程度上促进了我国基金业的发展。1991 年 10 月，武汉证券投资基金和深圳南山证券投资基金等基金的成立标志着中国基金业已进入"老基金阶段"。

此后，国家与地方设立了若干证券投资基金。这些基金为基金业发展提供了大量实战经验，但由于当时在基金设立、运作、监管方面缺乏完整的法律法规体系，基金业运作与管理非常不规范，投资者权益缺乏必要保障。首先，部分基金发起人、管理人、托管人三位一体，基金只是其资金来源之一，基金资产与基金管理人资产混合使用，财务非常混乱；其次，资产流动性较低，账面资产通常高于实际资产；最后，基金的设立本来规定由中国人民银行总行审批执行，但在各地却存在严重的越权审批现象。

中国人民银行为此于 1993 年 5 月下发了《关于立即制止不规范发行投资基金与信托收益债券做法的紧急通知》，规定证券投资基金的发行、上市以及基金管理公司的设立一律由中国人民银行省市一级分行审查，报总行批准，未经总行批准任何部门一律不得越权审批。此后，央行各分行都没有越权审批。至 1997 年《证券投资基金管理暂行办法》颁布前，全国共批设 75 只"老基金"，实设 73 只基金。老基金在全国各地纷纷设立，说明基金作为金融产品具有强大的市场需求与市场吸引力，但是由于法律、法规建设落后，基金的设立、监管缺乏统一管理，因而在投资团队、管理者与托管者分离、信息披露等方面存在许多问题。

1998～2001 年是我国"封闭式基金"发展阶段。1998 年 3 月，最早的两只封闭式基金——基金开元与基金金泰得以设立，其规模均为 20 亿元。在此基础上，1999 年证券会批设了 5 家基金管理公司，每家基金管理公司又分别设立 5 只规模为 20 亿元的封闭式基金。1999 年 10 月，在新基金快速发展的同时，证监会对老基金进行了全面的规范和清理，10 只老基金置换为 4 只新的封闭式基金。这样，证券投资基金在年底达到了 19 只，资产规模达 574.2 亿元。

封闭式基金发展阶段是基金规范化发展的新阶段，该阶段成功地构建了监管、运营、托管等机制，并对问题严重的老基金进行规范、合并，基金逐渐获得了基金投资者的认可。该阶段重要进展有：1998 年 2 月 24 日，中国工商银行作为第一家证券投资基金的托管银行，成立基金托管部。1999 年 8 月 27 日，中国证监会转发中国人民银行《基金管理公司进入银行同业市场管理规定》。同年，10 家基金管理公司获准进入银行间市场。1999 年 12 月 29 日，证监会颁布《证券投资基金行业公约》。

该发展阶段缺点是基金供给远小于需求，基金处于垄断地位，其投资以股票投资为主，蕴含着很高的风险。2000 年 10 月 5 日，《财经》杂志发表的《基金黑幕》一文对基金的不规范行为进行了尖锐的批评，该不规范行为大大损害了市场人气与基金形象。此后，虽然中国证监会进一步完善了证券投资基金管理的基本框架，但人们更多地将目光投向开放式基金的发展，而封闭式基金发展几乎止步不前。

4.2.1.2　开放式基金发展初期（2001～2003 年）

2001 年 9 月，经管理层批准，我国成立了第一只开放式证券投资基金——华安基金管理公司的华安创新基金，从此我国基金业的发展进入了一个崭新的阶段。与封闭式基金相比，开放式基金在约束激励机制上具有显著的优点：信息公开、透明、随时可赎回。如果基金投资者对基金业绩不满意，可以选择"用脚投票"，随时赎回。这是一种隐性激励机制，可以促使基金管理公司不断提高业绩吸引投资者，从而提高基金管理公司资产规模与管理收入。

经过一段时间的整顿，基金业逐渐走出"基金黑幕"阴影。2002 年，开放式基金发展非常迅猛，扩大到 17 只，到 2003 年，基金管理公司发展为 49 家，开放式基金 56 只，资产规模达到 1880 亿元。

4.2.1.3　开放式基金快速增长期（2003～2007 年）

2003 年以后，开放式基金获得了快速增长，由 2002 年的 17 只增长到 2007 年的 279 只。开放式股票型基金总资产到 2007 年 12 月 31 日达到 22205.12 亿元，较 2006 年增加了 17126.49 亿元。基金业之所以如此快速发展，首先，是因为 2003 年 10 月 28 日《证券投资基金法》的颁布与实施，对投资者保护增强；其次，是因为 2003 年后各基金管理公司加快了产品创新步伐，货币市场基金首先闪亮登场，避险型基金、指数型基金、ETF 基金也相

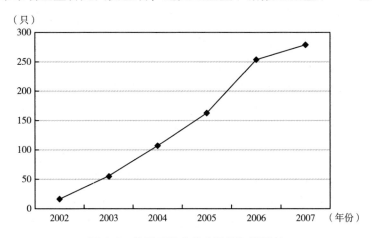

图 4.4　我国开放式基金数量迅猛增长

资料来源：笔者根据天相数据、Wind 资讯整理。

继推出；最后，政府渐进式的市场化改革，释放了基金市场的潜能。其中，
放松管制、简化审批、加强监管、提高效率是基金业高速发展的重要因素
（祁斌，2006）。刘鸿儒（2005）则将其归功于四点，分别是监管部门对基金
业的严格监管、基金产品的不断创新、保险等机构投资者的大力参与、商业
银行对基金销售的巨大支持。

虽然开放式基金一直保持快速增长，但是在 2003 ～ 2007 年内各时间段的
开放式基金组成结构不大一样：在 2003 ～ 2005 年，货币市场基金迅猛发展，
2005 年底货币市场基金资产占比为 40%，股票型基金与混合型基金占比
53%；而 2006 ～ 2007 年，高风险基金随着股市牛市增长至 94%。

4.2.1.4　基金业结构化转型阶段（2008 ～ 2019 年）

随着我国股市 2008 年急转直下，基金业面临着结构化转型的新阶段。

（1）开放式基金资产规模增长开始转型，由单纯地依靠现金流的增长
转为同时依靠现金流与收益。2008 年我国股市大幅缩水，虽然开放式基金
数量依然保持增长，到 2008 年达到 391 只，但偏股型开放式基金资产缩水
将近 1/2（下降 49.75%），由 2007 年底的 22205.12 亿元降到 11158.07 亿
元。虽然 2009 年新发行了许多新基金，基金总数增至 449 只，股市也开始
转暖，但是偏股型开放式基金资产总额仅有 19344.9 亿元，无法恢复到
2007 年的水平。

（2）开放式基金的产品高中低风险开始走向均衡，如前所述，2003 ～
2005 年货币市场基金发展顺势，2006 ～ 2007 年高风险股票基金开始乘势而
上，高达 94%，但是随着股票由牛市转为熊市，高风险股票开放式基金开始
被债券型基金以及混合型基金所替代。

（3）非公募业务开始积极进入，对现金流和存量产生显著影响，而且影
响公司财务贝塔值。非公募业务包括养老金管理（全国社保基金与企业年
金）、投资咨询与专户理财。截至 2007 年底，养老金资产规模为 2370 亿元，
年金资产规模总价为 71 亿元，两者合计占基金总资产的 7.5%，到 2008 年占
比 15% 左右。某大型基金管理公司企业年金规模在 2006 年为 7 亿元，2007
年为 20 亿元，而 2008 年则超过 100 亿元。劳动和社保部门称，未来年金会
以每年 400 亿 ～ 1000 亿元的速度增长，而目前拥有管理社保基金资格的只有
9 家基金管理公司。在专户理财方面，2008 年总量只有 40 亿元，2009 年 9 月
以后，每月维持在 15 亿元新资金。

（4）国际业务开始进入基金的业务范围，并将提升经济的核心竞争力。

（5）机构投资者客户比重加大，长期投资理念开始受到重视。

值得注意的是，开放式基金在快速增长中也面临一些挑战。

一是基金活动的母体——资本市场存在诸多不成熟、不规范行为。基金持股雷同、产品特征不突出、品种单一都与资本市场的发育不完善有关。上市公司质量不高、大量非流通股致使治理结构不健全、上市公司的恶意"圈钱"、大股东侵占散户利益等不规范行为严重地影响了基金的投资。二是基金公司诚信问题不容忽视，欺诈客户、利益输送、恶性竞争仍时有发生。由于基金制度具有委托代理性质，因而需要提高基金管理人员的诚信水平。三是销售渠道非常狭窄，主要依赖银行销售，严重制约基金业的持续发展，如表 4.5 所示。基金在与银行的佣金谈判中话语权非常弱，经常被迫接受银行开出的天价。在发行困难的 2008 年，基金支付给银行的一次性激励费用（0.6%~1%）与长期激励费用（0.3%~0.45%）相加总，平均超过销售规模的 1%，一些小基金公司基本上将 1.5% 的管理费全部返给银行。四是基金发行数量持续增加，新发行基金对旧基金会产生大力"抽血作用"，增加资金流的不稳定性，影响基金资产配置。尤其是在股市行情不好的 2008 年更是如此，一方面新基金申购不足；另一方面新基金的"大力抽血"作用使旧基金规模缩小。五是投资者赎回率一直较高，除 2007 年保持 231% 的净申购以外，其他年份都是净赎回。而且是"异常净赎回"，业绩好的基金反而遭遇净赎回，开放式偏股型基金为了保住资产管理规模，纷纷采取分红策略吸引投资者。

表 4.5　　　　**2002~2006 年我国开放式基金销售渠道有效账户变化**　　单位：万户

销售渠道	2002 年	2003 年	2004 年	2005 年	2006 年
基金公司直销	212.73	413.76	1438.75	4440.28	4629.63
网上交易	0	0.66	5.66	83.43	215.98
银行代销	266.08	375.43	1363.52	1942.02	5431.23
证券公司代销	8.43	59.4	536.95	1599.52	2116.15
其他机构代销	0	0.42	1.47	1.94	0.34

资料来源：人大经济论坛。

4.2.2 中国开放式基金投资者特征

4.2.2.1 中国开放式基金投资者结构变化

国内开放式基金投资者逐渐趋向于散户化。如图4.5所示，个人投资者在开放式基金的占比在2004~2006年为50%以内，2006年下半年以后继续提高，到2008年下半年基本上占到80%。根据Wind资讯统计，已公布年报的基金份额共达到9776亿份，其中，个人投资者持有7921.68亿份，占比81.03%；机构投资者持有1854.75亿份，占比18.97%；管理人自持1.56亿份，占比0.02%，如表4.6所示。

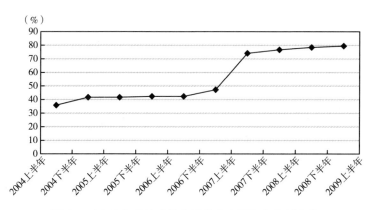

图4.5 33只老开放式基金平均个人投资者比例变化

资料来源：Wind资讯与腾讯基金频道。

表4.6　　　　　2002~2006年机构投资者持有开放式基金　　　　单位：亿元

机构投资者	2006年	2005年	2004年	2003年	2002年
保险公司	731.91	845.98	373.9	228.29	107.9286
社保基金	19.9	37.72	2.03	0.76	0.1016
QFII	15.95	24.17	14.66	0.89	0.18
企业年金	26.55	11.51	5.76	0.21	0.29
财务公司	49.52	176.79	64.29	28.33	9.26
证券公司	39.52	30.74	15.72	11.42	11.01
一般机构	521.68	588.23	405.23	155.74	144.65
合计	1 405.03	1 715.14	881.59	425.64	273.42

资料来源：人大经济论坛。

从基金风格类型上来看，2008 年股票型和混合型基金仍然在基金中占据主导地位，当年此类基金份额分别较上年出现微降，持有人结构与去年基本持平。

从开放式基金的机构投资者客户来看，从 2002～2005 年，各机构投资者持有基金的份额一直呈上升趋势，但是 2006 年大多数机构投资者（保险公司、养老基金、QFII、财务公司、一般机构）都减持了开放式基金份额，致使 2006 年机构投资者持有基金资产减为 1405.3 亿元（低于 2005 年的 1715.14 亿元），虽然 2006 年股市比 2005 年大幅上升。机构投资者减持基金份额是基金个人投资者占比 2006 年后大幅上升的一个重要原因。

从投资期限来看，基金短期投资者远多于长期投资者，这是因为中国股市波动剧烈，上市公司质量较差、治理水平低下，而且受政府政策影响较大，投资者在长期博弈中逐渐形成短期投资理念。

4.2.2.2　中国开放式基金投资者行为

中国开放式基金投资者一直具有很强的风险规避态度，主要是因为我国股市运作不规范，上市公司质量较差、非流通股高导致治理水平低，散户投资者权益无法获得保障等原因。2001 年国有股减持使中国股市进入调整时期，接下来持续 4 年熊市，使股市人气受到打击。而我国第一只开放式基金设立于 2001 年，基金投资者是在对股市非常悲观的情况下开始加入基金行业的。投资者具有很强的风险规避态度，只要基金净值超过 1 元，接着选择赎回，而且喜欢申购份额净值较低的基金，可谓"船小好调头"。

2006 年，随着股市的逐渐升温，基金投资者对股市与基金的信心开始恢复，投资者大量申购基金。根据 Wind 资讯，截至 2007 年末，基金份额为 8132 亿份，个人投资者持有 7025.25 亿份，占比 86.39%。但是好景不长，2008 年由于股市大幅下跌，个人投资者纷纷选择赎回。与国外不同的是表现出"异常净赎回"，那些业绩好的基金反而赎回压力大，而业绩差的基金赎回压力较小。国内个人开放式基金投资者还有一个特点是对分红特别敏感，分红越高，基金净赎回越少。

基金机构投资者客户与个人投资者有所不同。2002～2005 年，机构投资者持有基金份额逐年增加，而 2006 年后机构投资者份额与占比都在下降。这是因为在熊市时，机构投资者在信息、投资能力上都处于劣势，委托开放式基金投资比自己直接投资股票或债券要好，而牛市时由于中国股市单边上涨、全面上涨特点，因而机构投资者减少对开放式基金投资，自己直接投资股票，分享股市上涨收益。

4.3   美国基金业对我国开放式基金的经验借鉴

通过比较美国与中国开放式基金业的发展沿革，可以看出我国开放式基金尚需在以下方面问题需要加以改进。

（1）国内开放式基金同质化现象非常严重，需加大产品创新。

可以考虑在股票基金内部开发行业基金、风格基金和主题基金，在债券内部根据期限与久期开发不同的债券基金。可以利用资本市场推出股指期货的契机，积极投资于股指期货，防范股市波动带来的风险，2005 年欧洲大约有 70% 的基金管理公司参与了衍生品投资。基金管理公司还可考虑开发国际股票基金、国际债券基金、新兴市场基金等。除此以外，还可以考虑开发对冲基金，直接参与高风险、高收益的投资，将高风险偏好投资者分流出来。

（2）开发新的业务，服务于不同投资需求资金账户，提高核心竞争力。

首先，专户理财产品还须进一步创新，量身定制，努力适应投资者的需要。此项业务的开展将主要吸引现有存量资金进行结构转移，进一步完善投资者结构。美国 2005 年底的专户理财规模是 1 万亿美元，比 1990 年增长了 20 倍，约占股票基金的 1/5，占互助基金的 1/10。我国专户理财产品今后将有很大的提升，在 2008 年刚推出时资产规模全年仅为 40 亿元，随着 2009 年降低门槛将开户资金由 5000 万元改为 100 万元，将"一对一"业务转变为"一对多"业务，仅每月需求就有 15 亿元。

其次，进一步完善养老保险基金资产管理业务。养老保险、企业年金与商业养老保险并重的养老保险体系，其资金具有长期性与稳定性的特点，美国基金业的发展表明，养老保险体系资金是开放式基金的重要来源。世界银行预测，到 2030 年我国企业年金市场将成为世界第三大市场，达到 1.8 万亿元。

最后，合格境内机构投资者（QDII）业务的开展，可以使基金管理公司在全球资产配置中降低投资组合风险，规避因投资单一国家而带来的系统风险，提高基金业绩。2006 年，中国人民银行允许符合条件的银行、基金公司、保险公司采取各种的方式，集合境内外汇资金或购买外汇进行境外投资活动。

（3）拓展销售渠道，努力实现销售渠道多元化，降低销售成本。

我国开放式基金现在主要依赖四大商业银行的遍布全国的分支机构，由于基金产品的同质性，商业银行通常根据与基金公司的关系来决定是否销售其基金产品。销售渠道过于狭窄是制约我国开放式基金发展的重要因素，一些开放式基金不得采取激进的方法，例如，不顾自身业绩与资金状况频繁分红。国内开放式基金应大力拓展销售渠道，包括证券投资咨询机构、保险公司、证券交易所、专业基金销售机构、养老金计划等非传统销售渠道。同时要积极为网上交易基金创造良好条件。

（4）基金应形成长期投资理念，突出基金的投资者资金管理员角色，而不是销售员、短期逐利的角色。

美国的基金业发展经验表明，在 20 世纪 40 年代与 60 年代之间，基金经理一直充当基金投资者的管家，注重长期投资，因而投资者换手率低。而 80年代尤其是 90 年代以后，基金管理者开始狂热追求管理收入，以销售基金份额扩大管理规模为目标，倾向于提高短期收益以吸引投资者，结果基金不断置换投资组合，投资者换手率也提高。由此基金支出比提高，流动性成本也提高，最终影响投资者收益。国内开放式基金应吸取美国基金业的经验与教训，给基金进行科学定位。基金须树立长期投资理念，减少投资组合换手率，尽量追求长期基本面价值，避免短期、频繁的资产置换。美国的经验还表明，股票型基金业绩接近于股票市场平均水平，但是随着换手率的提高与市场竞争的加剧，基金业绩较早期有所下降。基金为投资者创造收益的来源主要是降低投资组合成本、降低销售成本、降低换手率、减少错误的投资决策，通过频繁地选股、选时，期冀战胜市场，是非理性的。

（5）努力整合资源，不断提升基金品牌。

基金管理公司可以考虑与银行机构合作或大型国企合作。随着国家法律壁垒的减少，银行、保险、证券公司等传统金融机构可以收购基金公司，构造多样化经营的平台，整合资产管理业务，实现长期目标。基金还可以实现行业内的并购与整合，达到强强联合、优势互补的目的，或者强弱联合、优劣联合，在市场营销、投资、人才队伍、客户服务等方面提升自己的竞争力。

（6）完善基金治理结构与治理水平，保护投资者利益。

我国 2000 年爆发的"基金黑幕"说明基金目前的治理结构需要进一步

完善。美国基金业发展表明，当投资者的利益有效受到法律保护时，基金投资者才敢于将资金委托给基金管理者。对我国开放式基金而言，应优先考虑以下措施。

首先，进一步明确独立董事的责任。美国证券交易委员会为解决"基金丑闻"，要求董事会主席与75%的董事会成员为独立董事，而且所有董事必须尽职。我国证券投资基金法虽然将原来规定的"基金管理公司独立董事可以在不超过三家基金管理公司任职"改为"基金管理公司独立董事只能在一家基金管理公司任职"，这是完善基金治理结构的一大进步，但还需进一步确认独立董事的职责。

其次，完善信息披露机制。美国基金丑闻发生以后，美国监管当局要求基金进一步加强对基金管理人、基金经理薪酬构成的信息披露，加强了基金费用与投资工具的信息披露。欧盟也要求基金经理披露基金投资策略、风险管理、定期报告等信息。我国开放式基金在基金份额变动、分红、管理费用、托管费用、销售费用等方面还需增强信息披露的及时性，争取提供年度、半年度或季度乃至月度信息披露。除此以外，考虑到投资者的信息能力有限，应该及时地公布基金多层次的信息排名，采用多种方法、多个度量指标。

最后，要进一步完善基金持有人制度，增强其操作性。我国基金持有人制度担负重任，但操作性不强，常常形同虚设。这是因为我国基金是契约型基金，没有自身的董事会。在条件成熟时，可以改将基金改为公司型基金。

（7）加强投资者培训与教育。

从已有研究来看，基金投资者具有明显的"异常净赎回"，这在基金业绩优秀时反而会给基金经理带来很大的流动性压力，会促使基金经理丧失进取精神，选择中庸、消极的投资策略，而且不能惩治低劣业绩基金，不利于基金业的优胜劣汰。因此，需要加强投资者教育，培养其对基金业绩持续性的信心，弱化其风险规避倾向。美国基金业早期发展经验表明，1945～1965年，基金投资者平均换手率保持在17%左右，基金持有期为6年，而我国开放式基金投资者持有期目前仅有几个季度。

（8）监管部门适度控制基金数量的增长，防止基金竞争过度。

有序竞争是基金市场健康发展的重要前提，是美国基金业成功的一个重要因素。基金的竞争有利有弊，一方面，适当的竞争可以促使基金管理公司和基金投资者更加关注短期收益，但是过度的竞争压力会促使基金经理在季度末或排名期前选择风险高的投资组合，不利于基金业的健康发展；另一方面，适度的竞争有利于资金流动那些长期业绩优秀而且稳定的基金，惩罚那些业绩低劣的基金。

　　我国开放式基金从 2001 年的 3 只已爆炸式地发展到目前的 5000 多只，基金由以往供小于求的状况发生逆转，加之目前的熊市，开放式基金之间对投资者的争夺变得异常激烈。这种过度竞争会带来许多负面问题，例如投资流不稳定、流动性成本加大、交易成本增加等，部分基金可能为了提高资产规模采取频繁分红。除以上因素以外，开放式基金的潜在威胁是金融替代品，如果时机成熟，金融产品的迅速推出势必造成大量开放式基金被清算。

　　总之，监管部门必须根据资金供给与基金的需求状况，从宏观上适度控制开放式基金的发行，防止开放式基金的发行过多、过滥，给旧基金造成"大力抽血"，引发基金业的恶性竞争。

第5章 中国开放式基金的业绩持续性检验

根据第 2 章标准金融理论与业绩持续性理论以及第 3 章关于投资者申购、赎回的理论分析可知，基金业绩是否具有持续性是影响投资者申购、赎回决策的重要因素。因此，本章将分别检验我国开放式基金相对业绩与绝对业绩的持续性，在此基础上对我国开放式基金的 FPR 进行初步预测。

5.1 基金绝对业绩持续性检验

国内外学者已经采用多种方法对基金业绩持续性进行检验，例如列连表、相关性检验、横截面回归方法等，但是列连表法难以检验多期数据，而横截面回归法难以处理同时包含横截面与时间序列的面板数据。本书数据为面板数据，主要采用动态面板数据方法（DPD）检验。其优点是可以克服上述检验方法的不足，获得一个整体、平均的检验结果。除此以外，本书还采用非参数的斯皮尔曼法检验基金相对业绩排名的持续性。

5.1.1 基金季度绝对业绩持续性检验

5.1.1.1 动态面板模型

本章应用 Stata10.0 软件进行模型的参数估计。在本书面板数据中，被解释变量滞后项是解释变量之一，在差分方程中会产生内生性问题。由于工具变量难以选择，组内、组间估计法基本不可用，动态面板数据法是解决该问题的较好选择。通常先对即期方程与滞后一期方程进行差分，再选用工具变量解决内生性问题。早期动态面板估计主要采用安德森和萧（Andersen and

Hsiao，1981）估计方法，以被解释变量两期滞后项以及两期与三期滞后项差分作为工具变量。阿雷拉诺和邦德（Arellano and Bond，1991）在此基础上，利用解释变量与预定变量的滞后项、严格外生变量的差分作为工具变量进行估计，提高了动态面板的估计效率。其基本形式为：

$$y_{i,t} = \sum_{j=1}^{p} \alpha_j y_{i,t-j} + X_{i,t}\beta_1 + W_{it}\beta_2 + v_i + \varepsilon_{it} \qquad (5-1)$$

在式（5-1）中，X 表示严格外生变量（$1 \times k_1$）；W 为预定变量（$1 \times k_2$）；v 个体效应；ε 为随机效应。但是这种方法假定随机误差项不存在自相关，当自回归系数较高时，阿雷拉诺和邦德（1991）估计量表现出较大的不稳定性。邦德尔和邦德（Bundell and Bond，1998）基于阿雷拉诺和博韦尔（Arellano and Bover，1995）的研究，利用其他矩条件推出系统 GMM 估计量，通过 xtdpd 以实现上述估计。本书应用动态面板数据的 xtdpd 法估计，该方法的关键在于对解释变量选择恰当工具变量，具体包括 GMM 差分方程与水平方程工具变量、差分方程工具变量、水平方程工具变量等，其实质是对解释变量严格外生性、预决性、内生性的区分。

在本章动态面板模型中，被解释变量为基金业绩，解释变量为滞后期基金业绩。控制变量为基金滞后期股市收益、滞后期股市波动风险、滞后期分红、滞后期基金波动风险等。之所以控制这些因素，是因为其可通过影响滞后期基金业绩进而影响即期业绩，如果不剥离这种影响，会得到不准确的结论。

5.1.1.2　基金业绩的偏相关检验

本书首先对基金业绩与股市收益（rm）、波动风险（σm）、基金收益风险（σ）、分红（fenhong）、基金资产规模（lnsize）的相关性进行检验，各变量具体定义与描述性统计见第 6 章内容。检验结果如表 5.1 所示。除基金资产规模以外，股市收益与波动风险等变量都对基金业绩有显著影响，因而在检验基金业绩持续性时，须剥离这些变量的影响。

表 5.1　　　　　　　各控制变量与基金业绩 r 的偏相关检验

变量	股市收益	股市波动风险	基金波动风险	分红	基金规模
相关系数	0.90	0.36	-0.82	-0.18	0.01
显著性	0.00	0.00	0.00	0.00	0.84

5.1.1.3 基金季度绝对业绩无法持续，而且显著反转

如表5.2所示，在控制上述因素以外，基金业绩依然没有持续而且显著反转，其原因如下。

（1）我国股市波动频繁。开放式基金资产是股市中股票与债券所构成的投资组合，由于我国股市频繁波动，基金资产净值随之相应波动。而且，我国股市具有单边上涨与单边下降的特点，基金很难跑赢大盘，在股市上涨时基金业绩普遍改善，股市下降时基金业绩普遍下滑。个别基金可能表现出较强的盈利能力或抗跌能力，但基本上难以改变股市单边上涨与单边下降的态势。例如，2006年初至2007年末，股市大幅上涨，大多数开放式基金大获丰收，而随着2008年股市大幅下跌，几乎所有开放式基金都不能幸免，基金净值缩水将近1/2。

（2）我国证券市场做空制度缺失，避险工具匮乏。证券市场投资者无法对股票进行买空与卖空，这使证券市场多、空力量无法充分释放出来，致使股票更易单边大幅上涨与下跌。同时，由于股指期货[①]等指数类金融衍生工具不能及时推出，开放式基金经理难以规避股市波动风险。

（3）我国开放式基金可能存在"利益输送""老鼠仓""基金黑幕"等不规范、不合规的行为。当基金业绩优秀时，基金会将利益输送到与其有关联的其他基金。而当基金业绩太差时，为了对基金投资者有一个交代，基金通常借助于其关联基金大幅增持其重仓股，提基金净值。

表5.2　　　　开放式基金季度绝对业绩持续性检验被解释变量（r1）

解释变量	方程一		方程二		方程三		方程四		方程五	
	系数	概率	系数	概率	系数	概率	系数	概率	系数	概率
L. r1	−0.27 **	0.04	−0.31 ***	0	−0.26 ***	0	0.32 ***	0	−0.11 ***	0
L. rm	0.25 *	0.09	0.32 **	0.01	0.23 ***	0	0.34 ***	0		
L. σm	−0.78 ***	0.03	−0.60 *	0.1	−0.66 **	0.03			−0.69 **	0.02
L. fenhong	−0.18 ***	0	−0.12 **	0.02			0.17 ***	0	0.001	0.99
L. lnsize	−0.10 ***	0			−0.09 ***	0	0.11 ***	0	−0.10 ***	0
wald test	408.6	0	113.61	0	376.32	0	297.06 ***	0	210.7 ***	0

注：* 表示 $p<0.1$，** 表示 $p<0.05$，*** 表示 $p<0.01$。

---

① 据新浪财经，我国股指期货于2010年4月16日正式上市。

（4）我国开放式基金经理频繁跳槽，投资风格不稳定。由于我国开放式基金 2001 年才成立，基金经理等投资管理人才非常稀缺，各基金都不惜重金争夺基金经理等投资管理人才。基金经理尤其是取得优秀业绩的"明星基金经理"在开放式基金之间频繁流动，由此导致基金投资风格、投资管理不稳定。

（5）我国证券市场大多数上市公司质量很差，可供投资的股票非常有限。上市公司治理水平、治理结构都存在诸多问题，中小股东难以有效监督大股东。上市公司股票经常偏离公司基本面价值大幅波动，致使基金净值波动。

除了以上因素影响基金业绩持续性以外，由表 5.2 可知，股市收益与波动风险、基金分红资产规模等因素也对基金业绩持续性具有重要影响。

从表 5.2 中方程二与方程一的比较可知，基金收益与规模变化负相关，表明中国开放式基金存在规模不经济。当控制基金规模变化后，基金滞后期业绩影响系数却由大变小（ − 0.31 变为 − 0.27），也即基金业绩持续性增强。这与国外关于基金业绩规模增加导致业绩持续性下降的理论假设相一致。

由表 5.2 中方程一与方程三比较可知，分红有助于增强基金的业绩持续性（系数 − 0.27 变为 − 0.26），这是因为分红可以降低基金资产规模对基金业绩的负面冲击。控制基金分红后，基金资产规模对业绩影响系数由 − 0.10 升为 − 0.09。

除此以外，由表 5.2 中方程一与方程五实证结果比较可以看出，基金业绩持续性与股市收益惯性密切相关。而股市波动风险却使基金业绩反转，由表 5.2 中方程一与方程四比较可知，当控制股市波动风险后，基金业绩反转系数由 − 0.32 变为 − 0.27。

5.1.1.4　基金季度绝对业绩在不同业绩区间的业绩持续性检验

由国外业绩持续性相关研究可知，开放式基金优秀业绩持续性较差，差业绩持续性较强。本书进一步检验基金业绩在不同业绩区间的业绩持续性，门限区间根据门限面板模型确定（参考第 6 章门限面板格点搜寻法），如表 5.3 所示。

实证结果发现基金业绩在所有区间都表现出显著反转，但是基金低业绩区间（ − 0.77， − 0.358）与中等业绩区间（ − 0.358，0.206）反转更敏感，滞后期业绩对当期业绩影响系数为 − 1.63（0.00），而高业绩区间（0.206，

表 5.3   基金绝对业绩在不同业绩区间的持续性检验

解释变量	被解释变量 r1			
	低、中业绩阶段		高业绩阶段	
	系数	概率	系数	概率
L. r1	− 1. 63 **	0. 06	− 0. 44 ***	0. 00
L. rm	− 0. 22	0. 78	− 0. 23	0. 41
L. σm	14. 24	0. 01	3. 78	0. 00
L. lnsize	− 1. 58	0. 00	0. 08	0. 23
L1. fenhong	− 0. 41	0. 13	− 0. 16	0. 10
_cons	30. 50	0. 00	− 1. 84	0. 18
wald test	41. 78		58. 08	

注: ** 表示 $p < 0.05$, *** 表示 $p < 0.01$。

0.51）基金业绩反转系数为 − 0.44（0.00）。即基金业绩越差，业绩反转越厉害，这与国外业绩持续性研究结论恰好相反。国内林树等（2009）也有这种发现。差业绩更容易反转的原因主要有两个。

（1）差业绩基金更容易改变投资策略与投资风格，更容易撤换基金经理。当基金业绩滑坡、基金净值下降时，为了稳定基金投资者，基金更容易更改投资策略与基金经理。而撤换不胜任基金经理、改变投资策略与风格，更可能使基金业绩发生反转。

（2）当基金业绩下跌时，开放式基金更容易求助于基金管理公司或者其他关联基金，帮其渡过难关。这也容易促使基金差业绩发生反转。

5.1.2　基金年度与半年度绝对业绩持续性检验

我们仍然应用动态面板数据方法检验基金年度绝对业绩的持续性，结果发现年净值增长率业绩持续性不显著。

由表 5.4 中方程一与方程二比较可知，股市波动风险是基金年度业绩保持持续的重要原因。当没有剥离股市波动风险影响时，基金业绩表现出持续性，而剥离股市波动风险后，基金业绩持续性消失。由表 5.4 中方程一与方程四比较也可知，分红是基金业绩显著反转的重要原因，剥离分红影响后，基金业绩不再反转。

表 5. 4　　　　　　　　　　基金年度绝对业绩持续性检验

解释变量	方程一		方程二		方程三		方程四		方程五	
r	系数	概率	系数	概率	系数	概率	系数	概率	系数	概率
L. r	0.10	0.69	0.87**	0.01	0.19	0.43	-0.47*	0.08	-0.08	0.45
L. rm	-7.15	0.47	-3.75	0.80	-11.97	0.21	8.12	0.50		
L. σm	128.1	0.00			130.7	0.00	130.8	0.00	129.3	0.00
L. lnsize	-7.73	0.22	-28.03	0.00			-8.10	0.25	-9.14	0.11
L. fenhong	-193.4	0.00	-253.5	0.00	-198.6	0.00			-178.4	0.00
_cons	-167.0	0.23	623.8	0.00	-334.5	0.00	-174.4	0.26	-141.6	0.28

注: * 表示 $p < 0.1$, ** 表示 $p < 0.05$。

由表 5.5 发现，基金半年度业绩也存在反转。股市波动风险是基金反转的主要原因，当控制股市波动风险前，基金业绩甚至表现出一定持续性（方程二）。股市收益与分红明显增强基金半年度业绩的持续性，在控制这两种因素以后，基金业绩反转明显变得显著（方程四、方程五）。

表 5. 5　　　　　　　　　　基金半年度绝对业绩持续性检验

解释变量	方程一		方程二		方程三		方程四		方程五	
r	系数	概率	系数	概率	系数	概率	系数	概率	系数	概率
L. r	-0.25	0.24	0.14	0.49	-0.26	0.22	-0.40**	0.01	-0.30**	0.04
L. rm	0.03	0.94	0.23	0.52	0.02	0.96	0.33	0.15		
L. σm	-5.03	0.00			-5.06	0.00	-4.94	0.00	-5.04	0.00
L. lnsize	0.02	0.74	0.09	0.18			0.02	0.76	-0.01	0.89
L. fenhong	0.28	0.25	0.15	0.53	0.26	0.30			0.04	0.74
_cons	0.27	0.86	-1.94	0.19	0.77	0.00	0.35	0.81	0.99	0.47

注: ** 表示 $p < 0.05$。

5.2　基金相对业绩持续性检验

仍然应用动态面板方法在控制股市收益、基金风险、股市波动风险、分红情况下，考察基金滞后期收益排名对即期收益排名影响，以检验基金相对业绩持续性。

5.2.1 基金季度业绩排名具有显著持续性

由表 5.6 检验结果可以看出，开放式基金季度业绩排名具有显著的业绩
持续性，各种季度相对业绩指标都有这种结果。基金季度平均净值排名
（sanv）与季度末净值排名（snv）持续性要强于基金净值增长率排名（sr1，
sr4，sr7），季度内短期净值增长率指标排名持续性（sr7）强于季度净值增长
率（sr1）与季度内平均两周净值增长率（sr4）。

表 5.6　　　　　开放式基金季度相对业绩排名持续性的动态面板检验

项目	sr1	sr4	sr7	sanv	snvq
L. sr1	0.154 ** (0.01)				
L. sr4		0.303 *** (0.00)			
L. sr7			0.208 *** (0.00)		
L. sanv				0.752 *** (0.00)	
L. snvq					0.806 *** (0.00)
N	288	288	288	288	288

注：括号内数字为 P 值，**表示 $p<0.05$，*** 表示 $p<0.01$。

与本章 5.1 节基金季度绝对业绩显著反转相对比，可以看出基金相对业
绩具有显著持续性而基金绝对业绩显著反转，为何会产生此种现象？对其解
释是：

首先，基金季度相对业绩排名具有持续性，说明基金之间的投资管理能
力差异在短期内一直存在。从国内开放式基金实际来看，基金之间投资管理
能力差异主要来源于基金与基金经理，其中 60% 以上可能来源于基金之间的
差异，这是因为基金在运营过程中会逐渐形成比较稳定的投资团队、投资风
格与投资策略。部分基金在投资团队、投资风格以及投资策略等方面的优势
会一直持续下去，在牛市时表现出相对较强的获利能力，而在熊市时表现出

相对较强的抗跌能力。

其次，基金相对业绩具有显著持续性但是绝对业绩显著反转，说明基金投资管理能力或者投资效率不是基金绝对业绩的主要原因，股市大盘或者股市中的基本风格因素（规模、价值）等其他因素才是其主要决定因素。基金或者基金经理很难跑赢大盘，在牛市时几乎所有基金都盈利，而在熊市时几乎所有基金都亏损。

5.2.2 基金年度相对业绩不具有持续性

分别以偏股型开放式基金年度 DEA 效率得分（具体计算参考第 7 章 7.1 节）、年度加权平均净值、年度内平均份额净值、年度净值收益率、年度内平均两周净值收益率为业绩指标，应用非参数斯皮尔曼法（spearman）考察其滞后期业绩排名对当期业绩排名的影响，以检验基金业绩排名的持续性。

表 5.7 实证结果表明除了基金净值增长率具有一定的持续性外（影响系数 0.13，概率值 0.11 接近 10% 的显著水平），其他业绩指标（加权平均净值、净值、加权平均收益）几乎都不具有持续性。滞后期业绩排名对当前业绩排名几乎没有影响，最能综合反映基金投资能力的效率得分指标 eff，也不具有持续性（影响系数 0.05，t 统计量概率值为 0.49）。对此的解释有以下两个方面。

表 5.7 　　　　　　　　　　**基金年度相对业绩排名持续性检验**

项目	l. eff	l. wnv	l. nv	l. r	l. rw
Eff	0.05				
概率	0.49				
Wnv		0.00			
概率		1			
Nv			0.00		
概率			1		
R				0.13	
概率				0.11	
Rw					0.03
概率					0.73

首先,由于我国股市波动较大,上市公司质量较差等原因,时间越长,股票价格变动更复杂。基金或基金经理在短期内的选股、选时优势,随时间延长而趋于消失。

其次,在年度内比季度内,基金经理更有可能跳槽、变动,基金投资策略与投资风格更难保持稳定与持续。因此,年度相对业绩排名更难持续。

5.3 对国内开放式基金 FPR 的预测

综上可知,我国开放式基金业绩持续性检验结果是:基金季度绝对业绩显著反转,而且业绩越差,反转更严重;季度相对业绩具有显著持续性;基金年度绝对业绩与相对业绩都无法显著持续。根据第 2 章与第 3 章的投资者申购、赎回决策理论,如果国内基市场理性投资者力量占优,可以进一步获得以下推断 H5 - 1。

H5 - 1:如果基金短线操作投资者占支配地位,投资者申购与基金季度绝对业绩负相关,而且业绩越差,申购对其越敏感。

因为基金绝对业绩在季度内显著反转,短线操作投资者会申购历史业绩较差的基金,待基金业绩提升后赎回获利。由于基金业绩越差反转越严重,因而申购对差业绩更敏感。同理,由于季度基金相对业绩具有显著持续性,因而可以推知 H5 - 2 ~ H5 - 3。

H5 - 2:如果基金中存在较多的短线操作投资者,投资者申购与基金季度相对业绩正相关。

H5 - 3:如果基金中存在较多的短线操作投资者,基金投资者赎回与季度绝对业绩正相关,与季度相对业绩负相关。

除此以外,如果基金以长期投资者为主,不存在短期投资者,由于基金年度业绩持续性不显著,因而可以推断 H5 - 4。

H5 - 4:如果基金中存在较多的短线操作投资者,投资者申购、赎回对基金季度业绩都不敏感。

由于净赎回等于赎回减去申购,因而如果基金市场理性投资者力量占优势,同理可以推断 H5 - 5 ~ H5 - 7。

H5 - 5:如果基金中存在较多的短线操作投资者,投资者净赎回与基金绝对业绩正相关。

H5 - 6：如果基金中存在较多的短线操作投资者，投资者净赎回与相对业绩负相关。

H5 - 7：如果基金中存在较多的短线操作投资者，投资者净赎回与半年度绝对业绩正相关。

以上理论预测有待于在第 6 章、第 7 章进行进一步的检验。

第6章 中国开放式基金FPR实证分析：绝对业绩视角

通过第2章对国内外基金FPR实证文献的回顾可知，国外文献主要从基金绝对绩效与相对绩效两个方面对基金FPR进行了实证。从基金投资流与绝对绩效的关系，国外相关研究又尝试了多角度的实证。既实证了业绩对净赎回的影响，也实证了业绩对申购、赎回的影响；部分文献还剥离了投资流持续性对基金FPR的影响；考察了基金FPR的非线性特征；除此以外，国外文献实证研究了开放式基金个人投资者与机构投资者对基金业绩的不同反应。而国内有关基金FPR的研究才刚开始，大多数文献仅考察了基金净赎回与绝对业绩的关系。从研究方法上来看，国内相关文献虽然已开始应用面板数据考察基金FPR，但是存在内生性问题而且难以考察基金FPR的非线性特征。

本章主要从基金绝对业绩的视角探讨开放式基金的FPR。不仅考察基金净赎回与业绩的变动关系，而且进一步分开考察投资者赎回、申购与基金业绩的变动关系；本书还将考察基金FPR的非线性变化特征；基金FPR在熊市、牛市阶段的不同变化；以及机构投资者FPR与个人投资者FPR的不同变化规律；除此以外在评价区间上区分基金投资者在季度、半年、年度对基金业绩的反应。

在研究方法上，本章首先运用普通的面板数据估计方法（固定效应与随机效应），考察投资者申购、赎回、净赎回随业绩的变动，以此作为基准；其次进一步进行分组、分阶段考察；最后采用动态面板方法以剥离投资流持续性影响，采用门限面板回归方法考察基金FPR的非线性特征。

本章各节在实证考察开放式基金FPR（净赎回—基金业绩、申购—基金业绩、赎回—基金业绩）次序上，基本上都是先实证净赎回与基金业绩的关系（只要具备完整的净赎回、申购、赎回数据），而后进一步探讨基金申购、赎回与业绩的关系。如此既可以与国内外文献衔接，又可以更好地对基金净赎回与业绩变动关系进行解释。

在研究样本上，本书使用的都是面板数据。本章前三节使用的是同一数据样本，为季度数据；第四节重点考察的是个人投资者与机构投资者 FPR 的不同特征，限于数据可得性，应用的是半年数据。第五节应用的是年度数据。

6.1　基金绝对业绩对净赎回以及申购、赎回影响的实证分析

6.1.1　数据、模型与变量

数据来源于腾讯基金频道与 Wind 资讯，数据样本为 2004 年成立的所有偏股型开放式基金，考虑到开放式基金发行初期的溢价、赎回封闭期与平衡面板数据估计的方便，最终选择的是 2004 年第三季度至 2009 年第一季度总共 19 个季度、16 只偏股型开放式基金的面板数据。本书所有计算采用 matlab 7.0 软件进行，模型估计与检验采用 Stata 10.0、Eviews 6.0 计量软件。

为了防止伪回归，应用 Eviews 6.0 计量软件对各变量进行了面板数据的单位根检验，检验结果（略）表明，样本数据为平稳序列。

6.1.1.1　模型设定与变量定义

根据奥尼尔（O'Neal，2004）与陆蓉等（2007）设定面板数据计量模型[①]即：

$$y_{i,t} = r\beta_1 + X\beta_2 + v_i + \varepsilon_{it} \qquad (6-1)$$

其中，$y_{i,t}$ 表示被解释变量，即申购率、赎回率或净赎回率；r 表示滞后期与即期绝对绩效，β_1 是其系数向量；X 表示控制变量，包括股市收益与波动风险、分红、基金规模、风格等，β_2 表示控制变量的系数向量；v 表示个体效

[①]　常见的面板数据模型主要包括四种：固定截距不固定斜率，固定斜率不固定截距，固定截距同时固定斜率，截距与斜率都不固定。本书在综合考虑样本量、自由度、F 检验结果后，选择固定斜率、不固定截距的方程，后续章节的动态面板、门限面板模型均以此模型基准。

应；ε 表示随机效应。

之所以控制这些因素，是因为众多学者发现除绩效以外，投资流与股市收益以及风险正相关（Boyer et al.，2009；陆蓉等，2007），与资产管理规模（Nanda et al.，2004；Getmansky，2005）、基金所处管理公司（Benson，2008）、分红（刘志远等，2004；陆蓉等，2007）、风格（Cooper et al.，2004；Swingkels et al.，2006）等因素也存在不同程度关联。除此以外，在申购（或赎回）的方程中，根据奥尼尔（2004），我们还控制了赎回（申购）的影响，以区分短线、长线投资者。

在估计方法上，本节根据哈斯曼（hausman）检验结果，选用固定效应或是随机效应方法估计。变量定义如表 6.1 所示。

表 6.1   **变量定义与说明**

变量	定义与说明
$sgl_{i,t}$	申购率：i 基金第 t 年申购款/［（第 t−1 年基金净值）×（1+第 t 年净值收益率）］
$shl_{i,t}$	赎回率：i 基金第 t 年赎回款/［（第 t−1 年基金净值）×（1+第 t 年净值收益率）］
$nshl_{i,t}$	净赎回率：赎回率 − 申购率
$r_{i,t}$	表示基金的季度收益率
rm	市场收益率：用沪深 300 指数收益率代替，在其成立之前用 A 股成指收益率代替
σm	市场收益的波动风险
$fenhong_{i,t}$	分红：i 基金第 t 年分红总额，没有分红的记为 0
$lnsize_{i,t}$	基金规模：i 基金第 t 年基金净资产对数
Comp	基金管理公司：虚拟变量，分别设为 0~12，总共有 13 个基金管理公司
变量前 L.	指变量的滞后期

6.1.1.2 各变量的描述性统计

由表 6.2 可知，在各变量中变化最大的是净赎回，然后是申购、赎回、分红、股市收益，变化最小的是基金规模。基金申购、赎回无论是均值或者变异系数都非常接近，这表明两者可能密切相关。申购率、赎回率平均值都大于 1，也即当年申购、赎回量比年初基金净值还大，这表明中国开放式基金投资者具有高换手率、短线交易的特征。

表 6.2 　　　　　　　　　　　　**变量的描述性统计**

统计量	均值	最大值	最小值	变异系数	标准差
nsh	−0.33	0.61	−15.98	−5.72	1.88
sgl	0.72	28.38	0.00	3.87	2.78
shl	0.39	12.40	0.01	2.83	1.11
fenhong	0.06	2.00	0.00	3.74	0.23
fhs	0.30	5.00	0.00	1.92	0.58
rm	0.07	0.48	−0.29	3.35	0.24
σm	0.15	0.26	0.07	0.38	0.06
Rf	0.01	0.01	0.00	0.32	0.00
Lnsize	21.35	24.11	17.85	0.06	1.19
σ	0.14	0.77	0.04	0.78	0.11
R	0.03	0.51	−0.77	7.73	0.22
anv	1.46	5.51	0.45	0.60	0.87
nvq	1.45	5.91	0.45	0.61	0.88

6.1.2　实证检验结果与相关分析

6.1.2.1　基金业绩对净赎回的影响

表 6.3 中方程一实证结果表明，基金滞后期收益、即期收益率对净赎回影响都为正。这进一步表明，中国开放式基金赎回是一种"异常净赎回"，投资者对基金业绩的反应是一种"反向选择"。基金净赎回对基金滞后期业绩不敏感，而对即期业绩非常敏感，说明基金投资者反应非常快，以短期投资者为主。

表 6.3 　　　**基金投资流与业绩关系实证结果（普通面板回归）**

解释变量	方程一	方程二	方程三	方程四	方程五
	nsh	sgl	sgl	shl	shl
L. r1	0.110 (0.15)	−0.243 (−0.23)	0.0526 (0.10)	−0.133 (−0.32)	−0.0507 (−0.24)

续表

解释变量	方程一	方程二	方程三	方程四	方程五
	nsh	sgl	sgl	shl	shl
rl	3.192 ***	-4.933 ***	-1.072 *	-1.741 ***	-0.0633
	(4.46)	(-4.74)	(-2.01)	(-4.27)	(-0.30)
L. σ	2.496	-4.776 *	0.283	-2.281 **	-0.656
	(1.64)	(-2.16)	(0.25)	(-2.63)	(-1.51)
rf	109.7	-134.2	-79.96	-24.45	21.18
	(1.39)	(-1.17)	(-1.40)	(-0.54)	(0.94)
rm	-1.871 *	3.187 **	0.269	1.316 **	0.232
	(-2.54)	(2.98)	(0.50)	(3.14)	(1.10)
σm	1.928	-2.380	-1.377	-0.452	0.357
	(0.73)	(-0.62)	(-0.73)	(-0.30)	(0.48)
L. fenhong	-1.827 **	3.517 ***	-0.230	1.689 ***	0.493 **
	(-3.16)	(4.18)	(-0.53)	(5.13)	(2.92)
L. fhs	0.200	-0.263	-0.123	-0.0630	0.0264
	(1.00)	(-0.91)	(-0.85)	(-0.55)	(0.47)
L. lnsize	-0.179	0.103	0.270 ***	-0.0754	-0.110 ***
	(-1.95)	(0.78)	(4.08)	(-1.45)	(-4.26)
shl			2.218 ***		
			(29.16)		
sgl					0.340 ***
					(29.16)
_cons	2.293	0.116	-5.228 ***	2.409 *	2.369 ***
	(1.16)	(0.04)	(-3.64)	(2.14)	(4.24)
拟合系数 R^2	0.074	0.075	0.75	0.41	0.83
Wald 检验	48.5	60.6	1096.3	72.3	1143.5
	(0.00)	(0.00)	(0.00)	(0.00)	(0.00)
hausman 检验	8.24	8.7	6.98	9.36	8.15
	(0.51)	(0.46)	(0.73)	(0.40)	(0.61)
N	288	288	288	288	288

注：括号内为 t 统计量值，* 表示 $p < 0.05$，** 表示 $p < 0.01$，*** 表示 $p < 0.001$，L. 表示滞后项。

基金业绩与净赎回是正相关关系，这与我们在第 5 章的预测相一致，但是与国外研究结果完全相反。为进一步获悉其内在机制，我们接下来对基金申购、赎回与业绩的关系进行实证。

6.1.2.2　基金业绩对申购的影响

由表 6.3 申购方程二可知，基金投资者申购与基金历史业绩、即期业绩负相关，这与国外结论相反（Ippolito，1992；Sirri，1998；Froot et al.，2001），表明国内开放式基金申购是一种"异常申购"：资金流不是流向业绩好的基金，而是流向业绩差的基金。这也与我们第 5 章的预期一致。对此的解释是：

首先，理性投资者能够觉察到，基金季度绝对业绩显著发生反转的信息。因而会申购业绩较差的基金进行短期投机。

其次，由于我国股市一直具有较大波动性，基金投资者存在严重的风险规避心理，对基金优良业绩的持续性缺乏信心，因而宁愿申购收益率较低的基金。因为低收益率的基金净值较低，申购成本低，轻装上阵，而申购高净值基金，账面收益高、风险大，容易一旦申购就被套牢。

在将当期赎回纳入方程，控制短期投资者影响后（方程三），我们进一步发现，投资者申购与基金滞后期正相关，与即期收益相关系数显著减小，这表明基金短期投资者是导致申购与基金业绩负相关的主要原因，其实施的是短期"反转策略"，偏好选择收益较低的基金，以规避风险。而长期投资者与基金过去收益正相关，实施的是"动量策略"。

6.1.2.3　基金业绩对赎回的影响

从表 6.3 中赎回方程四可知，投资者赎回与滞后期收益、即期收益负相关，表明基金优良业绩能阻止投资者的赎回，基金业绩与赎回是负相关关系，投资者并没有发生处置效应。陆蓉等（2007）也发现基金净赎回与业绩正相关，其解释是投资者具有处置效应行为，本书实证结果不支持其解释。本书的实证结果与我们关于赎回的预期恰好相反，说明基金投资者赎回行为是非理性的。主要可以归结为两种因素。

（1）投资者赎回时不能理性地处理基金业绩信息。投资者不能根据基金长时期的历史业绩数据库去判断基金历史业绩是否具有预测未来业绩能力，而仅仅根据当期业绩来作出赎回决策。从行为金融角度来看，基金投资者在赎回时存在严重的代表性心理偏差，倾向于以基金短期的小样本事件代替未来样本分布。

（2）由于基金投资者与基金之间存在委托代理关系，当基金净值下滑时，投资者不能理性地分析基金业绩的成因与进一步走势，而是将不满发泄在基金经理等管理者身上，"以脚投票"，赎回资金。

从表6.3中赎回方程五还可以看到，在将当期申购纳入赎回方程后，滞后期收益对基金赎回影响依然不显著，但是，当期收益对基金赎回影响系数绝对值明显变小，由 −1.74 变为 −0.06。而且当前申购率对赎回率具有显著的正影响，表明基金市场中存在数量较高的短期投资者，他们在季度内交易较为频繁，当期申购基金随即赎回。由于消除当期申购影响后，影响系数绝对值变小，由此可知，短期投资者对基金业绩更敏感。由方程四到方程五的拟合系数 R^2 变化也可推知，基金短期投资者是赎回的重要解释。

以上研究表明，基金净赎回与基金业绩表现出"负反馈"的关系，基金业绩越好，反而净赎回越多，反之则反是。进一步对申购、赎回与基金业绩的反应进行实证发现，基金净赎回与业绩之所以表现出"负反馈"关系，是因为基金投资者申购与基金业绩负相关（"异常申购"）。而投资者赎回与基金业绩负相关，并没有表现出如国内学者所述的"处置效应"。

进一步结合基金业绩持续性检验结果可知，投资者的"异常申购"行为是理性的，投资者赎回行为是非理性的。

综上所述，从绝对业绩的角度来看，国内开放式基金净赎回与业绩的变动关系确实是"异常净赎回"，但不是由"异常赎回"所致，而是由"异常申购"所致。其更深层次原因是基金绝对业绩不具有持续性，而且显著反转。

6.1.2.4 股市收益、分红等其他因素对投资流的影响

（1）股市收益对净赎回、申购与赎回的影响。

基金净赎回与股市收益显著负相关，申购、赎回与股市收益都是正相关。消除短期投资者影响后（表6.3中方程三），投资者赎回与股市收益依然正相关，但是影响系数明显减小，这表明长期投资者与短期投资者在股市上涨时都会实施处置效应，股市行情下跌时则继续持有以待翻盘，而且短期投资者比长期投资者对股市收益变化要敏感得多。

基金投资者申购、赎回与股市收益显著正相关。对此的解释是，随着股市的上涨，投资者信心上涨，因而纷纷积极申购基金。同时，随着股市的上涨，投资者担心后市不再，处置效应增强，因而赎回也开始增加。由于基金收益对投资者申购的作用大于对赎回的促进作用，因而基金净赎回与股市收益负相关。

（2）股市风险对净赎回、申购与赎回的影响。

由实证结果（表6.3中方程一、方程二、方程四）可以看出，基金净赎回与股市波动风险显著正相关，投资者申购、赎回都与股市波动风险显著负相关。当控制短期投资者影响后，基金申购、赎回与股市波动风险的相关关系都不再显著，这表明基金短期投资者对股市波动风险比较敏感，无论是申购或是赎回都会避开股市波动风险较大的时期，而长期投资者对股市波动风险并不敏感。

（3）基金分红对净赎回、申购与赎回的影响。

由实证结果可知，上期分红对净赎回有抑制作用，对申购、赎回都有促进作用，且申购比赎回对业绩更敏感。长期投资者与短期投资者赎回变化方向相似，短期投资者更加敏感；而长期投资者、短期投资者的申购行为对分红反应恰好相反。

基金投资者申购之所以与滞后期分红正相关，是因为基金分红后一般都会导致基金净值下降，从而降低投资者申购成本，防止在基金高净值时申购即被套牢，减小风险。此外，投资者预期到有分红历史的基金在净值提高时，可以通过分红部分地将账面收益转化为现实收益，落袋为安。

投资者申购之所以与当期分红负相关，是因为国内基金的分红存在许多不规范之处，为了吸引投资者往往超越基金基本面能力，采取"异常分红"持续营销。基金分红可能对基金流动性、盈利能力产生负面冲击。投资者预期到这一点，尽量避开在分红初期进行申购，因而分红基金当期投资者申购反而减少。

基金投资者赎回之所以与滞后期分红正相关，是因为投资者分红后，一般都会导致基金当期收益下降，进而促使投资者赎回。即期分红之所以能抑制投资者赎回，是因为投资者在分红中获得了现金收益，未实现资本利得减少，其处置效应减弱。

（4）基金收益波动风险对净赎回、申购与赎回的影响。

由表6.3中普通面板数据回归实证结果可知，投资者申购对基金收益波动风险不敏感，投资者赎回对基金历史波动风险也不敏感，但与即期基金波动风险正相关。净赎回与滞后期收益、即期收益都不显著相关。这表明基金投资者只注重基金收益而忽视了基金收益波动风险，存在行为偏差。

（5）银行同期存款利率对净赎回、申购与赎回的影响。

从实证结果可知（见表6.3），净赎回与银行同期存款利率正相关，申购、赎回均与银行利率负相关，但是申购要比赎回对银行利率敏感。净赎回、申购、赎回与银行利率相关关系都不显著。这是因为我国银行利率偏低，缺乏弹性，并不能反映投资者真实的机会成本，因而投资者对其不敏感。

（6）基金资产规模对净赎回、申购与赎回的影响。

实证结果表明，基金滞后期资产规模与基金净赎回显著负相关，与投资者申购、赎回显著正相关。

对投资者申购与基金资产规模正相关的解释是，资产规模高的基金一般广告支出较大，有规模优势聘请明星基金经理，因而投资者信息搜寻成本非常小，易于申购。

投资者赎回与基金资产规模正相关的解释是，资金资产规模越大基金经理必须提供更多资产投资方案，因而更难以保持优良业绩的连续性，投资者更倾向于赎回规模大的基金。

6.1.3　稳健性检验

我们接下来选用不同的基金业绩指标进行稳健性检验。

（1）以季度内平均周收益率代替季度收益率，发现两者影响方向一致，滞后期、即期收益率对申购影响系数分别为 -10.24（$p=0.19$）、-9.15（$p=0.25$）；对赎回系数分别为 -5.06（$p=0.097$）、-0.48（$p=0.84$）；对净赎回影响系数分别为 5.18（$p=0.34$）、9.76（$p=0.07$）。

（2）以季度内平均两周收益率代替季度收益率，发现两者影响方向一致，滞后期、即期收益率对申购影响系数分别为 -4.99（$p=0.74$）、-72（$p=0.00$）；对赎回系数分别为 -3.80（$p=0.52$）、-24.22（$p=0.00$）；对净赎回影响系数分别为 1.19（$p=0.88$）、47.86（$p=0.00$）。

（3）以夏普比代替基金收益率，同时在解释变量中去掉相对方差。夏普比率 $X_{it}=(R_{it}-rf_{it})/\sigma_{it}$ 表示风险调整后的收益（R_{it} 表示基金净值收益率；rf_{it} 表示无风险利率，以银行存款年利率代表；σ_{it} 表示基金收益波动风险）。

带入模型得：滞后期、即期收益率对申购率影响系数为 0.23（p = 0.11）、−0.54（p = 0.00）；对赎回率影响系数分别为 0.086（p = 0.13），−0.18（p = 0.03）；对净赎回率影响系数为 −0.97（p = 0.33），0.35（p = 0.02）；其他影响系数变化不大。

（4）以股市收益与风险调整后的净值收益率（参见 O'Neal，2004）代替基金季度净值收益率，同时在解释变量中去掉相对方差。令 $Y_{it} = (R_{it} - rm_{it}) / \sigma_{it}$ 表示经过市场参照标准与风险调整后的收益率，带入模型得：滞后期收益率对申购率影响非常不显著，即期收益对申购影响系数为 −0.51（p = 0.01），滞后期收益率对赎回率影响非常不显著，即期收益率对赎回率影响系数为 −0.26（p = 0.02）；对净赎回率影响系数为 −0.01（p = 0.97），0.60（p = 0.00）；其他影响系数变化不大。

（5）以基金季度末份额净值代替基金净值收益率，带入模型得：滞后期、即期净值对申购率、赎回率以及净赎回影响都不显著。

（6）以基金季度内平均两周末份额净值代替基金季度净值收益率，同时控制基金收益风险，分别代入模型得：滞后期、即期加权平均份额净值对申购影响系数为 1.63（p = 0.01），−1.74（p = 0.00）；对赎回影响系数 0.69（p = 0.00），−0.69（p = 0.00）；滞后期平均净值、即期基金平均净值对净赎回影响系数分别为 −0.94（p = 0.02），1.05（p = 0.01），除股市收益对净赎回影响系数变显著，其他变量变化不大。

（7）以基金平均双周末累计份额净值代替基金季度净值收益率，同时控制基金收益风险，分别代入模型得：累计份额净值对申购、赎回乃至于净赎回影响系数都非常不显著，其他变量变化不大。

通过替换以上业绩指标的检验发现，各种指标尽管在影响投资流的大小与显著性上存在差异，但是影响方向基本一致：净赎回与基金当期业绩正相关，申购、赎回都与基金即期业绩负相关，申购比赎回对基金业绩更敏感。而且申购、赎回基本上都对滞后期业绩不敏感，对即期业绩敏感，表明投资者以短线投资者居多。以上检验表明应用季度净值收益率获得的实证结果是比较稳健的。

6.1.4　投资者在牛市与熊市对基金业绩的不同反应

我们按照中国股市在 2004 ~ 2009 年的变化分为熊市—牛市—熊市三个阶

段，分别实证开放式基金的 FPR 关系。第一个熊市阶段为 2004 年第三季度至 2005 年第四季度，这是 2001 年"全流通"股改后 4 年熊市的末尾阶段。第二个阶段为 2006 年至 2007 年第三季度，股市大幅上涨，是牛市阶段。第三个阶段是 2007 第四季度至 2009 年第一季度，该阶段股市大幅下跌，是第二个熊市阶段。实证结果表明（见表 6.4），在第一个熊市阶段，净赎回与基金业绩负相关，投资者申购、赎回均与基金业绩正相关，但是相关关系都不显著。基金净赎回与经济业绩之所以负相关，是因为基金投资者申购比赎回对基金业绩更敏感。

基金投资流与业绩关系都不显著，说明投资者在此阶段整体上以长期投资者为主，对基金短期业绩不敏感。考虑短期投资者影响后实证发现，基金短期投资者仍有显著影响，但对 FPR 影响较弱。这是因为经历了漫长的 4 年熊市，开放式基金净值普遍较低，大多数基金投资者已被套牢，而此阶段股市处于恢复期，基金净值虽有上升但变动不大，基本上无法抵补投资者申购成本，因而投资者对基金业绩并不敏感。

随着中国股市于 2006 年进入新一轮牛市，投资者的交易方式发生了逆转，投资者申购、赎回都与基金业绩负相关，且基金申购比赎回对基金业绩更敏感，因而净赎回与基金业绩正相关。由此可知，在牛市阶段，基金 FPR 总体上没有发挥优胜劣汰作用；投资者赎回没有表现出处置效应；投资者申购实施的是"反转策略"，发挥"劣胜优汰"作用。当控制短期投资者影响后发现，投资者申购与基金业绩系数明显变小（由 -4.93 变为 -1.07），而赎回与基金业绩关系不再显著。这说明在牛市阶段，基金 FPR 关系主要由短期投资者所致。

表 6.4　投资者净赎回、申购、赎回在不同阶段对基金净值增长率反应

解释变量	第一熊市阶段			牛市阶段			第二熊市阶段		
	nsh	sgl	shl	nsh	sgl	shl	nsh	sgl	shl
L. rl	0.12 (0.60)	-0.18 (0.45)	-0.29 (0.22)	0.01 (0.88)	-0.02 (0.82)	-0.03 (0.75)	-0.18 (0.66)	0.31 (0.29)	0.40 (0.24)
rl	-0.21 (0.34)	0.21 (0.34)	0.15 (0.50)	0.38* (0.00)	-0.39* (0.00)	-0.35* (0.00)	1.25* (0.00)	-1.60* (0.00)	-1.34* (0.00)
L. v7	0.01 (1.00)	0.02 (0.92)	0.06 (0.73)	0.14 (0.10)	-0.19* (0.03)	-0.22* (0.01)	-0.18 (0.65)	0.33 (0.26)	0.45 (0.19)

续表

解释变量	第一熊市阶段			牛市阶段			第二熊市阶段		
	nsh	sgl	shl	nsh	sgl	shl	nsh	sgl	shl
rf	0.90+	−0.95+	−0.90+	0.11	−0.09	−0.04	0.05	−0.32+	−0.63*
	(0.08)	(0.06)	(0.08)	(0.17)	(0.24)	(0.59)	(0.83)	(0.08)	(0.00)
rm	0.97	−1.05	−1.05	−0.24*	0.28*	0.29*	−1.05*	1.33*	1.14*
	(0.16)	(0.13)	(0.14)	(0.01)	(0.00)	(0.00)	(0.02)	(0.00)	(0.00)
m	0.59	−0.70	−0.82+	0.06	−0.05	−0.02	−0.14	0.44	0.76*
	(0.17)	(0.10)	(0.06)	(0.46)	(0.53)	(0.76)	(0.73)	(0.14)	(0.02)
L.fenhong	−0.07	0.09	0.08	−0.22*	0.29*	0.35*	−0.12	0.11	0.00
	(0.79)	(0.75)	(0.79)	(0.00)	(0.00)	(0.00)	(0.42)	(0.31)	(0.98)
L.fhs	0.17	−0.20	−0.19	0.06	−0.05	−0.03	0.12	−0.09	0.02
	(0.53)	(0.48)	(0.49)	(0.32)	(0.36)	(0.58)	(0.39)	(0.41)	(0.85)
L.lnsize	−0.12	0.06	−0.08	−0.11+	0.04	−0.08	−0.09	0.03	−0.08
	(0.30)	(0.63)	(0.50)	(0.05)	(0.44)	(0.15)	(0.36)	(0.72)	(0.43)
N	80	80	80	288	288	288	80	80	80
拟合系数 R^2	0.13	0.11	0.15	0.07	0.08	0.41	0.45	0.67	0.44

注：括号内数字为 p 值，+ 表示 $p<0.10$，* 表示 $p<0.05$。

2007 年第三季度股市开始下跌，尤其是 2008 年上半年股市大幅下跌，乃至到 2009 年上半年，股市依然未能走出熊市的阴影。在此阶段，由表中对应实证结果可以看出，投资者净赎回、申购与赎回和基金业绩的关系，基本与第二阶段相同，但是对基金业绩更为敏感。控制短期投资者进一步实证发现（结果略），此阶段当期申购与赎回没有显著关系，而且业绩对申购赎回影响系数基本不变。对此的解释是：当基金市场由熊市到牛市再转变到熊市，长期投资者信心大幅下降，投资者较少进行短线操作。熊市阶段基金 FPR 关系主要由长期投资者所致。与整个样本阶段基金 FPR 实证结果相比较可知，第一个熊市阶段，基金投资流与业绩关系不显著，而后两个阶段基金 FPR 与整体样本变动方向完全一致，因而全样本的 FPR 关系主要决定于后两个阶段（2006 年第一季度至 2009 年第二季度）。投资者总体上表现出很强的短期投资心理与风险规避心理，这使得基金投资流与业绩整体上表现出"劣胜优汰"的负反馈关系。塞德堡等（Cederberg et al.，2008）得到类似结论，他们发现投资者在经济扩张时期，表现出追逐收益与基金经理能力行为，而在经济萧条时期并没有追逐收益行为，如表6.5所示。

表6.5　　　　投资者净赎回、申购、赎回在不同阶段对基金净值反应

解释变量	第一熊市阶段			牛市阶段			第二熊市阶段		
	nsh	sgl	Shl	nsh	sgl	shl	nsh	sgl	shl
L. anv	1.36 * (0.00)	-1.40 * (0.00)	-1.21 * (0.00)	-0.42 * (0.02)	0.50 * (0.01)	0.53 * (0.00)	-2.92 * (0.00)	2.99 * (0.00)	1.44 * (0.02)
anv	-0.98 * (0.01)	0.95 * (0.01)	0.74 + (0.06)	0.48 * (0.01)	-0.54 * (0.00)	-0.54 * (0.00)	2.96 * (0.00)	-2.97 * (0.00)	-1.29 * (0.03)
L. v7	0.40 * (0.03)	-0.41 * (0.03)	-0.34 + (0.07)	0.26 * (0.00)	-0.30 * (0.00)	-0.32 * (0.00)	0.49 * (0.00)	-0.47 * (0.00)	-0.19 (0.19)
rf	0.26 (0.36)	-0.19 (0.49)	-0.02 (0.93)	0.07 (0.38)	-0.06 (0.46)	-0.03 (0.72)	0.00 (0.99)	-0.32 (0.21)	-0.71 * (0.01)
rm	-0.04 (0.91)	0.10 (0.77)	0.18 (0.59)	-0.13 (0.11)	0.16 * (0.04)	0.19 * (0.01)	0.42 (0.19)	-0.61 + (0.06)	-0.61 + (0.09)
m	-0.03 (0.90)	0.02 (0.93)	0.00 (0.99)	-0.01 (0.85)	0.02 (0.76)	0.03 (0.64)	0.82 * (0.00)	-0.72 * (0.00)	-0.14 (0.58)
L. fenhong	-0.28 (0.28)	0.30 (0.24)	0.29 (0.26)	-0.27 * (0.00)	0.33 * (0.00)	0.38 * (0.00)	-0.27 + (0.10)	0.24 (0.14)	0.09 (0.60)
L. fhs	0.05 (0.84)	-0.06 (0.82)	-0.06 (0.82)	0.08 (0.21)	-0.07 (0.23)	-0.05 (0.39)	0.23 (0.16)	-0.19 (0.25)	-0.04 (0.83)
L. lnsize	-0.19 + (0.08)	0.13 (0.24)	-0.01 (0.90)	-0.11 + (0.08)	0.03 (0.59)	-0.10 + (0.09)	0.06 (0.65)	-0.15 (0.24)	-0.28 * (0.03)
拟合系数 R^2	0.44	0.40	0.28	0.06	0.07	0.47	0.17	0.20	0.26

注：括号内数字为 p 值，+ 表示 $p < 0.10$，* 表示 $p < 0.05$。

6.2　基金业绩与净赎回互动关系的实证分析

本节无论从研究视角还是研究方法上都具有重要意义，从研究视角上来

看，国内外文献大多数只研究了基金业绩对净赎回的影响，较少考虑基金净赎回对基金业绩的反作用，因而难以正确解释基金市场中基金净赎回——业绩相互加速下降的现象，例如，美国次债危机中所表现的：众多开放式基金收益下降—投资流大幅流出—因流动性导致基金收益进一步下降，如此循环往复。从研究视角上来看，另一个重要的问题是，投资流持续性会掩盖真实的基金 FPR 关系，因而要真正地了解投资者对业绩的反应，有必要控制投资流持续性影响。在研究方法上，当投资流作为被解释变量，而且滞后期投资流影响当期投资流时（具有持续性），在面板数据的普通估计方法（固定效应、随机效应）中，会产生内生性问题，致使估计结果失真。针对这些原因，本书采用动态面板数据的估计方法对开放式基金净赎回与基金业绩的关系进行进一步的实证。

6.2.1 变量设定与动态面板数据模型

本书方程包括两种类型，一是以净赎回率 nshl 作为被解释变量，对应的解释变量是赎回率滞后项，基金收益率与其滞后项，控制变量包括分红（fenhong），分红次数（fhs），市场收益率（rm）等；二是以基金收益率为被解释变量，对应解释变量为赎回率及其滞后项，基金收益率滞后项，控制变量包括分红（fenhong），分红次数（fhs），市场收益率（rm）。

为了直观观察基金业绩与净赎回的协同变动趋势，我们计算了各季度净赎回率与基金收益率的平均值，两者变动趋势如图 6.1 所示。图中两条曲线走势表明，平均而言，基金收益率与净赎回总体表现为正相关，两者同方向

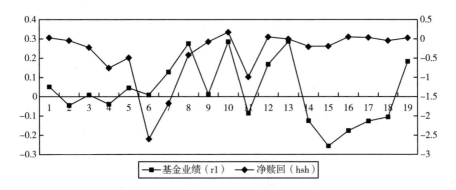

图 6.1 基金净赎回与业绩的变化趋势

变动。这初步表明，中国开放式基金的异常赎回可能成立：即开放式基金业绩越好，赎回越严重（刘志远等，2004；陆蓉等，2007）。但是，是基金业绩收益改善提高了基金赎回？抑或是基金赎回的提高促成了基金业绩改善？两者之间是否存在因果关系？仅从图形上我们还无法判断，这有待于使用计量经济模型进一步实证。

6.2.2 实证结果分析

6.2.2.1 基金绝对绩效对基金净赎回的影响

由净赎回方程实证结果可知，在控制滞后期净赎回影响后，净赎回仍然与基金滞后期收益、即期收益正相关。对此的解释是，更多投资者策略不是惯性策略而是反转策略（Rakowski and Wang，2009）。滞后期净赎回对当期净赎回具有负的影响，表明净赎回不具有持续性。对于基金业绩作用净赎回的机理，尚需进一步单独分开考察在消除投资流持续性下，基金业绩如何影响投资者申购与赎回。

6.2.2.2 基金净赎回对基金绝对绩效的反作用

从基金收益（r）方程可以看出，滞后期净赎回对基金业绩影响不显著，而即期净赎回对基金收益具有正的贡献，这说明开放式基金赎回并没有导致基金业绩下滑，相反赎回对业绩具有正的贡献，这与南达等（Nanda et al.，2000）观点不一致。此外，也与美国次债危机中基金公司、投资者行为的相互削弱—加速下降现象相反。由此看来，我国开放式基金赎回对业绩的反作用也是一种异常现象。何以出现此种异象？我们认为，主要存在以下三点原因。

（1）国内基金规模普遍偏大，可供选择的金融投资产品有限，大多数开放式基金规模已超过其投资能力。由于我国基金公司按固定比例提取管理费，与业绩关联不大，基金公司都有追求基金规模的冲动，基金规模普遍较大，100亿元以上的不在少数，本书样本基金基本都是老基金，规模总体上更大。而国内开放式基金成立时间较短，投资人才、经验都有限；国内上市公司质量较差，可供选择的股票等金融资产非常有限，因而基金规模可能超过其投资能力，导致规模不经济。在基金净赎回导致基金规模减小时，基金单位份额收益反而增加。本森等（Benson et al., 2008）发现，在规模大的基金中，基金净赎回对业绩影响为正。陈等（Chen et al., 2004）也发现基金规模越大，收益反而越低。他们认为，这与流动性有关，大规模基金比小规模基金必须为投资资金提供更多选股方案，会耗费更多成本。拉科夫斯基和王（Rakowski and Wang, 2009）认为这是因为投资流的长期信息效应强于短期价格压力效应，如表6.6所示。

表6.6　　　　　　　　基金净赎回与业绩的互动关系实证结果

解释变量	方程一	方程二	方程三	方程四
	nsh	nsh	rl	rl
L. nsh	−0.135 (0.43)	−0.0863 (0.60)	0.00235 (0.91)	−0.0111 (0.62)
Nsh				0.0449 * (0.00)
L. rl	1.142 (0.57)	1.972 (0.50)	−0.484 * (0.00)	−0.528 * (0.00)
rl	3.341 + (0.09)	3.189 (0.14)		
L. σ	2.046 (0.22)	2.371 (0.22)	−0.402 (0.59)	−1.440 (0.20)
Rf	55.24 (0.68)	70.04 (0.73)	−14.27 (0.72)	58.61 (0.17)
Rm	−2.089 (0.21)	−1.909 (0.31)	0.710 * (0.00)	0.866 * (0.00)
$\sum$ m		9.971 (0.27)	−1.908 * (0.00)	−3.057 * (0.00)
L. fenhong	−0.611 (0.73)	−0.628 (0.76)	−0.0256 (0.93)	0.403 (0.39)
L. fhs	−0.320 (0.71)	0.660 (0.51)	0.198 (0.15)	0.195 (0.17)
L. lnsize	−0.393 (0.10)	−0.443 (0.18)	0.0537 (0.62)	0.0390 (0.72)

续表

解释变量	方程一	方程二	方程三	方程四
	nsh	nsh	rl	rl
_cons	7.658	6.786	-0.781	-0.593
	(0.19)	(0.33)	(0.74)	(0.80)
wald 检验	4019	2606	33609	13239
	(0.00)	(0.00)	(0.00)	(0.00)
abond 检验	-1.73	-1.72	-2.79	-3.42
	(0.08)	(0.08)	(0.00)	(0.00)
(一、二阶)	-0.13	-0.36	1.61	1.46
	(0.90)	(0.71)	(0.11)	(0.14)
sagan 检验	19.24	22.08	25.11	26.85
	(1.00)	(1.00)	(1.00)	(1.00)

注：括号内数字为 p 值，$^+$ 表示 $p < 0.10$，* 表示 $p < 0.01$。

（2）在美国等发达市场国家，资本市场体系比较完备，金融产品丰富多样，一般而言，风险高、流动性差的金融产品都具有高的风险溢价作为补偿。当资金流净流入增加、流动性充足时，基金可以较多地投资于流动性较差、收益率高的金融产品，从而增加基金收益；反之，在基金投资者赎回增加时，受流动性约束，基金被迫减少高收益金融产品的投资甚至变现未到期金融资产，基金收益减少。而在国内，由于资本市场体系尚不完备，金融投资产品的流动性、风险与收益之间良性关系尚未有效建立，基金公司投资于流动性差、风险大的资产较少。如此一来，基金的投资决策乃至业绩受净赎回影响较小。

（3）由于基金投资者申购、赎回时需缴纳一定比例费用，在净赎回变化不大的情况下，投资者短期频繁进出基金会产生不菲的费用，对基金业绩有正的贡献。一个非常直观的例子是，假设某基金在某季度初份额为100亿元，到季度末基金份额变为99亿元，则净赎回为1%。如果期间基金申购19亿元，赎回20亿元，按申购费率1.5%、赎回费0.5%（样本基金大多如此），可以算出，申购、赎回费带给99亿元剩余份额基金的收益贡献大于4%，在国内基金整体投资能力不高的情况下，赎回费对基金业绩的相对贡献殊为可观。纳尼吉安等（Nanigian et al.，2007）发现美国短期赎回费对长期业绩具有正的贡献。

综合以上分析，由于国内基金规模普遍偏大，接近规模报酬递减阶段；基金投资于长期、流动性较差的金融资产较少，受净赎回影响较小；而投资者的短期频繁进出基金会产生不菲的交易费用，因而基金净赎回对业绩有正的贡献。

6.2.2.3　基金业绩与净赎回的格兰杰因果关系

面板数据中的协整与格兰杰因果判断是当前计量经济学中的热点问题，本书基金业绩与赎回的联立方程是一类面板 VAR 问题，进一步探讨其格兰杰因果关系具有重要意义。面板格兰杰因果（多个截面的时间序列）比单截面时间序列的格兰杰因果关系结果要稳健，因为其考虑了多个截面的时间序列，样本数据更全面，自由度增大。本书面板数据是平稳的，因而可以直接对变量进行格兰杰因果检验。根据克里斯托弗·赫尔林（Christophe Hurlin，2004）的面板格兰杰因果检验模型与思想，本书的动态面板数据估计完全符合其思想。因而由表 6.6 结果，可直接推断基金业绩与赎回具有如下的面板格兰杰因果关系：基金业绩在 5% 置信水平下是基金净赎回的格兰杰因果原因（方程一）；基金净赎回在 1% 置信水平下是基金业绩的格兰杰因果原因（方程四）。

至此，我们可以给出基金业绩与净赎回的完整逻辑关系：长期而言，我国开放式基金业绩与净赎回之间存在互为因果的格兰杰因果关系；与国外已有的实证结果相反，基金业绩对净赎回影响为正；基金净赎回对业绩影响为正。

从表 6.6 还可以看出，过去的净赎回与即期净赎回也呈显著负相关。这表明，国内开放式基金净赎回不具有持续性。关于基金净赎回非持续性问题，影响因素较为复杂，有待于进一步研究。值得一提的是，国内基金公司存在诸多非市场行为：在基金申购不足或发生大面积赎回时，可能存在申购救援行为，例如 2008 年上半年基金管理公司、托管银行对基金公司的申购救援活动。此类非市场行为可能是基金净赎回不具持续性的一个重要原因。

6.3　控制投资流持续性后基金绝对业绩对申购、赎回影响实证分析

6.3.1　申购、赎回的动态面板数据模型与变量设定

接下来进一步考察消除投资流持续性影响后，基金业绩是如何影响投资

者申购、赎回的。申购、赎回的动态面板数据模型与净赎回的模型基本相同，仅需将被解释变量净赎回替换为申购（赎回）变量即可。

6.3.2 实证结果与相关分析

由申购方程一可知，在表6.3方程二的基础上考虑投资者申购持续性后，基金滞后期收益对投资者申购影响系数开始由负变正（系数由 − 0.19 变为 0.03，但依然不显著），即期收益影响系数仍然保持负数，但不如以前敏感（系数由 − 3.32 变为 − 1.94）。在表6.3方程三基础上进一步控制投资者申购持续性影响后，表6.7方程二基金收益影响系数由负转正，而且系数变大（0.18 变为 0.6，0.37 变为 1.28），且变得非常显著（p 值分别由 0.76、0.66 变为 0）。而滞后期申购率对当前申购率影响系数为负，且非常显著。以上分析表明，滞后期申购越高，当期申购越低，如果忽略申购的这种反向影响，势必夸大基金收益对基金申购的负影响，从而得出错误的结论。

表 6.7   考虑投资流持续性后的赎回、申购与业绩关系实证结果

解释变量	sgl 方程				shl 方程			
	方程一		方程二		方程三		方程四	
	系数	概率	系数	概率	系数	概率	系数	概率
Shl			2.79	0				
l. sgl	− 0.05	0	− 0.07	0				
Sgl							0.27	0
L1. shl					0.05	0	0.04	0
L1. r	0.03	0.86	0.6	0	− 0.03	0.59	− 0.01	0.89
R	− 1.94	0	1.28	0	− 0.67	0	− 0.49	0
L1. σ	− 2.34	0.04	0.97	0	− 1.49	0	− 0.65	0.02
σ	1.43	0	0.2	0.76	0.94	0.05	− 0.17	0.65
Rf	− 115.78	0	− 123.05	0	− 11.46	0.2	10.57	0.24
Rm	0.98	0.01	− 1.05	0	0.56	0	0.39	0
∑ m	− 7.63	0			− 2.3	0	− 0.07	0.86
L1. fenhong	0.98	0.01	− 0.52	0	0.65	0	0.39	0

续表

解释变量	sgl 方程				shl 方程			
	方程一		方程二		方程三		方程四	
	系数	概率	系数	概率	系数	概率	系数	概率
Fenhong	-0.66	0	0.64	0	-0.38	0	-0.26	0.06
L1. lnsize	0.54	0	0.73	0	0.11	0	-0.08	0
_cons	-8.82	0.03	-15.15	0	-1.5	0	1.78	0
wald 检验	19387（0.00）		6465（0.00）		6465（0.00）		22109（0.00）	
abond 检验	-1.98（0.05）		-1.6（0.11）		-2.47（0.01）		-2.11（0.035）	
（一、二级）	-0.27（0.79）		0.72（0.47）		-0.37（0.71）		0.58（0.56）	
sagan 检验	18.76（1.00）		20.06（1.00）		22.29（1.00）		22.33（1.00）	

由赎回方程三可知，表 6.3 方程四基础上考虑投资者赎回的持续性后，滞后期基金收益影响系数依然不显著；而即期收益对赎回影响系数依然为负，但敏感性下降（系数由 -1.07 变为 -0.67）。在表 6.3 方程五基础上考虑投资者赎回持续性影响后，也可获得此种结果（滞后期基金收益影响系数依然不显著，但是当期收益影响系数下降，由 -0.56 变为 -0.49）。而滞后期赎回对当期赎回影响系数为正，表明基金投资者赎回具有持续性。考虑到基金净赎回对基金收益具有负的影响，因而赎回对收益可能影响为正。因而未消除赎回持续性影响，可能会夸大基金收益对基金赎回的影响。

综合以上分析，我们发现在控制申购持续性影响以后，投资者申购与基金业绩仍然负相关，在同时控制短期投资者与投资流持续性影响后，申购开始与基金滞后期收益、当期收益正相关，由此表明，申购与基金业绩负相关是因为申购存在反转，与短线操作投资者所致。在控制赎回持续性影响以后，投资者赎回与基金业绩仍然负相关。实证结果还发现，投资者申购存在反转，而投资者赎回具有持续性。

投资者申购不具有持续性而且出现反转，当期申购率的减少可以由上期申购率解释5%或者7%。对此的解释是，基金往往采取分红、优惠等方式来吸引投资者，由于投资者的信息搜集、处理能力有限，容易在基金促销下申购。大多数情况下，投资者申购基金并对其熟悉后，会发现基金的投资收益、服务并不满意，有吃亏上当感觉，由于交易成本以及转投其他基金的困难，基金投资者可能不会立即赎回，但是对现有基金的申购则会减少甚至停止。

对申购不具有持续性的另外一个解释是：开放式基金非常有激励扩大资产管理规模，提高管理费收入。当基金上期申购较高时，基金持续营销压力较小，结果高比例的申购率在基金竞争日益激烈的形势下无法持续，因而上期申购率越高，当期申购率相对越低；而当上期申购率非常低时，基金管理公司为提高管理收入，会加大促销力度来吸引投资者申购，例如分红、减免费用、打折等，甚至在基金申购不足时，基金还会要求内部员工或关联单位进行申购，例如 2008 年上半年，大量开放式基金获准发行却申购不足，众多基金首募规模不足 5 亿元，基金管理公司、托管银行、基金内部员工对基金公司存在申购救援活动。

投资者赎回具有持续性表明，上期赎回越多，当期赎回则越大。对此的解释是：投资者的赎回过程是一个信息更新与强化的过程，投资者即便对基金非常失望，也不会一次性将所有资金撤出基金，而是对基金保持持续关注，以资金流（fund stream）形式逐渐赎回，当期赎回可以由上期赎回率解释 4% ~ 5% 。

6.4　基金绝对业绩对投资流影响的非线性特征分析

国外众多文献考察了基金 FPR 的非线性特征，即基金投资流在高业绩阶段与低业绩阶段对基金业绩反应方式不一样。其不足之处是仅考察了净赎回与基金业绩的非线性关系，而没有进一步考察投资者申购、赎回在高、低业绩阶段的不同反应。本节弥补了这一缺陷，应用最新的门限面板数据模型来进行实证考察。

6.4.1　门限面板数据模型与变量设定

传统计量回归方法很难刻画基金投资者赎回决策的门限特征，而"门限回归"则为我们提供了一个崭新的工具。"门限回归"可以视为"分组检验"的扩展。普通"分组检验"很难有效地确立分组标准，往往依赖于研究者的主观偏好，存在主观先验的偏差。面板门限回归则不需要设定门限标准，采取格点搜寻法，寻找使残差平方和最小的门限值，克服了"分组检验"先验主观判断的不足。本书以门限变量 r 从 5% ~ 59% 的分位数区间 [− 0.0938

0.0253］作为最优门限值的搜寻区间。

本书仅考虑 0 个（无门限效应）、1 个和 2 个门限值三种情况，根据哈森（hansen, 1999）研究，建立计量模型如下：

$$Y = X\beta + \beta_8 r + v_i + \varepsilon_{it} \tag{6-2}$$

$$Y = X\beta + \beta_8 r \times I(r < \tau_1) + \beta_9 r \times I(\tau_1 \leqslant r) + v_i + \varepsilon_{it} \tag{6-3}$$

$$Y = X\beta + \beta_8 r \times I(r < \tau_1) + \beta_9 r \times I(\tau_1 \leqslant r \leqslant \tau_2) + \beta_{10} r \times I(r \geqslant \tau_2) + v_i + \varepsilon_{it}$$

$$\tag{6-4}$$

模型（6-2）表示普通的面板数据线性模型，模型（6-3）、模型（6-4）分别表示引入 1 个、2 个门限值的面板非线性模型。Y 表示被解释变量净赎回率、申购率或者赎回率；X 表示分红、分红次数、股市收益率、股市风险、银行存款利率、对数规模、基金收益波动风险等控制变量；β 表示控制变量的系数矩阵，β_8、β_9、β_{10} 分别表示低、中、高业绩阶段基金业绩对投资流的影响系数；I 是一个虚拟变量，在括号内门限区间取值为 1，其他条件下为 0；v_i 表示个体效应；ε_{it} 表示随机效应；τ_1、τ_2 表示门限值。

6.4.2　实证结果与分析

6.4.2.1　基金净赎回与业绩关系的非线性特征

实证结果表明，基金净赎回与基金业绩正相关，存在门限效应。基金净赎回在低业绩阶段比高业绩阶段要敏感，在单个门限值门限面板模型实证结果可以看到，在低业绩阶段 r 的影响系数为 7.11，非常显著（0.00），而在高业绩阶段影响系数为影响系数仅为 2.14，显著性水平也不高（0.12），如表 6.8 所示。

表 6.8　　　　开放式基金业绩对净赎回影响非线性特征的实证

解释变量	普通面板固定效应模型 零个门限值		门限面板模型			
			单个门限值		两个门限值	
	系数	概率	系数	概率	系数	概率
Rm	-1.10	0.33	-1.91	0.10	-1.84	0.11
$\sum$ m	3.67	0.15	3.46	0.17	1.84	0.48

续表

解释变量	普通面板固定效应模型 零个门限值		门限面板模型			
			单个门限值		两个门限值	
	系数	概率	系数	概率	系数	概率
Rf	141.76	0.05	200.37	0.01	174.76	0.02
Lnsize	−0.24	0.12	−0.19	0.21	−0.19	0.22
σ	−0.96	0.67	3.81	0.19	5.76	0.06
Fhs	−0.23	0.26	−0.26	0.20	−0.28	0.17
l. fenhong	−1.22	0.01	−1.27	0.01	−1.22	0.01
r 低业绩阶段	2.59	0.06	7.11	0.00	9.28	0.00
r 中业绩阶段					5.83	0.01
r 高业绩阶段			2.14	0.12	2.05	0.13
观测个数	304		14 与 290		14、224 与 66	
门限值			0.206		−0.358 与 0.206	
门限效应检验			F = 7.05 (0.00)		F = 3.42 (0.00)	
残差平方和	907.18		884.82		874.1	

进一步将业绩区分低、中、高三个阶段以后（两个门限值），发现基金净赎回对业绩的反应随基金业绩提高越来越不敏感，低业绩阶段最敏感，影响系数高且非常显著，为 9.28（0.00），而中高业绩阶段分别为 5.83（0.01）、2.05（0.13），由此表明，我国开放式基金净赎回与业绩的关系是凹性负反馈关系。

这与国外研究结论基本相反，国外研究普遍发现，基金净赎回在高业绩阶段对基金业绩非常敏感呈正反馈关系，而在低业绩阶段对基金业绩基本上没有反应，其 FPR 形状呈凸形。

国外研究者对其国家的净赎回与业绩凸性正反馈关系的解释是：基金赎回对基金业绩反应不敏感，而基金申购对高业绩反应敏感、对低业绩不敏感。由于没有进一步分别对申购、赎回与业绩的关系进行实证，因而其解释并不一定与实际相符。

为了进一步了解基金净赎回与业绩的非线性关系是由申购还是赎回所致，我们进一步分别对基金申购、赎回与基金业绩的非线性关系进行实证。

6.4.2.2　基金投资者申购、赎回与业绩关系的非线性特征

表 6.9 实证结果表明，基金投资者申购与业绩显著负相关，也存在门限转换效应，随着基金业绩提高，申购敏感度降低。与国外研究结论不同的是，单门限值面板门限回归结果表明，投资者申购在低业绩阶段比在高业绩阶段对基金业绩更敏感。双门限值的面板门限回归结果进一步表明，基金投资者申购在低业绩与中业绩阶段对基金业绩非常敏感，在高业绩阶段敏感度降低。以上表明，投资者申购与基金业绩的关系是凸性负反馈的关系。

表 6.9　　　　　　开放式基金业绩对投资者申购的非线性影响实证

解释变量	固定效应面板的线性模型		门限面板非线性模型			
			一个门限值		两个门限值	
	系数	概率	系数	概率	系数	概率
Rm	2.55	0.12	2.83	0.08	3.68	0.03
$\sum$ m	-5.66	0.12	-1.70	0.65	-2.30	0.55
Rf	-176.19	0.10	-148.57	0.16	-220.08	0.05
Lnsize	0.24	0.27	0.20	0.36	0.16	0.48
σ	0.75	0.82	-6.62	0.10	-10.41	0.02
Fhs	0.24	0.41	0.30	0.30	0.32	0.27
l. fenhong	2.40	0.00	2.33	0.00	2.40	0.00
r 低业绩阶段	-4.72	0.02	-12.47	0.00	-15.90	0.00
r 中业绩阶段					-9.40	0.00
r 高业绩阶段			-4.24	0.03	-3.83	0.05
观测个数	304		14 与 290		14、224 与 66	
门限值			-0.358 与 0.206		-0.358 与 0.206	
门限效应检验			F = 10.26（0.00）		F = 3.85（0.00）	
残差平方和	1914.51		1846.63		1821.35	

由表 6.10 门限效应检验结果可以看出，投资者赎回与基金业绩的关系也存在门限转换特征。从单个门限值门限回归方程可以看出，与申购相似的是，投资者赎回同样在低业绩阶段对基金业绩非常敏感，影响系数为 -5.52（0.00），而在高业绩阶段影响系数与显著性水平同时下降，为 -1.92（0.01）。进一步区分三个阶段的双门限值门限回归模型实证结果表明，投资

者赎回在低、中、高业绩阶段与基金业绩负相关，且敏感性逐渐较低。因此，投资者赎回与基金业绩的关系也是凸性负反馈关系。

表6.10   开放式基金业绩对投资者赎回影响非线性特征的实证

解释变量	固定效应面板的线性模型		门限面板的非线性模型			
			一个门限值		两个门限值	
	系数	概率	系数	概率	系数	概率
Fenhong	1.45	0.02	1.58	0.01	1.80	0.00
Fhs	−1.99	0.16	−0.26	0.86	−0.58	0.69
Rm	−34.44	0.40	−22.35	0.58	−48.70	0.26
$\sum$ m	0.00	0.96	−0.01	0.86	−0.03	0.71
Rf	−0.21	0.87	−3.43	0.03	−4.67	0.01
Lnsize	0.01	0.90	0.04	0.72	0.04	0.72
σ	1.18	0.00	1.15	0.00	1.19	0.00
r 低业绩阶段	−2.13	0.01	−5.52	0.00	−6.69	0.00
r 中业绩阶段					−3.73	0.00
r 高业绩阶段			−1.92	0.01	−1.71	0.03
观测个数	304		14 与 290		14，219，71	
门限值			−0.358 与 0.206		−0.358 与 0.206	
门限效应检验			F = 13.12 (0.00)		F = 2.86 (0.00)	
残差平方和	288.86		275.88		273.07	

6.4.2.3   控制投资流持续性后，投资流与业绩关系的非线性特征

根据卡什曼（Cashman，2008）的研究，我们进一步控制投资流持续性影响，并考察净赎回与业绩的非线性关系。分两步进行，先应用动态面板（XTDPD）分别设定净赎回、申购、赎回为被解释变量，对应地分别以滞后期净赎回、申购、赎回作为解释变量，分别估计三个动态面板模型，获取三个对应的投资流残差序列。然后应用门限面板模型考察各投资流残差随基金业绩的非线性变动。

实证结果（因影响系数与变动方向变动不大，此处略去）发现，投资流持续性没有影响基金 FPR 的非线性特征。投资流依然随基金业绩非线性变化，影响方向与控制投资流持续性之前完全一致，各影响系数变动非常小。这与卡什曼（2008）实证结果不一样。对此的解释是，国内基金投资者在赎

回时不如国外投资者理性，较少随基金业绩连续变动。

6.4.2.4　对基金 FPR 非线性特征的进一步分析

通过以上实证可知，国内开放式基金净赎回与基金绝对业绩呈凹性正相关关系。同时，基金申购、赎回均与基金绝对业绩凸性负相关。

国外相关研究认为基金投资者申购对高业绩敏感而对中低业绩不敏感（凸性正相关），是因为高业绩意味着高的确定性等价收益，能使投资者顺利地克服参与成本、信息成本、搜寻成本等约束而投资到基金中来。

国内开放式基金申购与业绩的凸性负相关原因如下。

首先，由第 5 章的结论可知，基金业绩越差，反转越严重，因而投资者申购与业绩的负相关关系在低业绩区间更加敏感。

其次，在基金申购中老投资者比重较高，由于其对基金已非常了解，因而信息成本、参与成本等成本非常少。此外，基金投资者主要以短期投资者为主，其通常锁定几只基金，根据金融分析师的建议实行短线波动操作，信息成本、参与成本更低（O'Neal et al. , 2004），因而即便基金期望收益低也容易克服这类成本。

最后，由于国内股市波动剧烈，开放式基金业绩也容易波动，因而在其他条件相似的情况下，高收益率意味着高的份额净值，也意味着高风险，选择收益率较低、申购成本较低的基金，风险较小。此外，选择业绩较差、申购成本较低的基金给短线投资者留下了较大的操作空间。

我国开放式基金投资者赎回与基金业绩凸性负相关的原因有以下两点。

（1）基金投资者在赎回时存在严重的代表性心理偏差，在赎回决策时不能根据基金长时间的历史业绩数据库去判断基金历史业绩是否具有预测未来业绩能力，而仅根据当期业绩来作出赎回决策。而且基金业绩越差，投资者代表性心理偏差更严重。

（2）基金业绩越差，投资者对基金经理或者基金的不满情绪更加严重，因而更倾向于"以脚投票"，赎回资金施以惩罚。

6.5　基金风格对开放式基金 FPR 的影响

在上述研究中，我们以偏股型开放式基金作为研究样本，暗含一个重要假定：偏股型开放式基金与其他开放式基金投资者对基金业绩反应不一样。那么事实是否如此？本节进一步检验偏股型开放式基金 FPR 是否不同于混合型基金的 FPR。其他变量相同，偏股型基金与混合型基金的 PFR 实证结果如下。

由表 6.11 可以看出，偏股型基金业绩对净赎回的影响系数要大于混合型基金，而且非常显著，这表明偏股型基金投资者比混合型基金投资者对基金业绩更加敏感。从表 6.12、表 6.13 中进一步可以看出，偏股型基金投资者无论是申购还是赎回，都对业绩非常敏感，而混合型基金投资者都不敏感。由此可知，基金风格确实是影响开放式基金 FPR 的重要因素。

表 6.11　　　　　　　　偏股型基金与混合型基金的净赎回与业绩关系

| 解释变量 | 被解释变量 nsh | | | |
| | 偏股型基金 | | 混合型基金 | |
	系数	P 值	系数	P 值
sgl/shl				
L1. r	0.07	0.93	0.98	0.41
R	2.05	0.06	0.16	0.94
L1. σ	0.52	0.70	1.75	0.40
σ	-0.81	0.63	0.65	0.84
Rf	107.81	0.18	59.18	0.59
Rm	-0.89	0.33	-0.15	0.92
$\sum m$	6.64	0.02	7.32	0.05
fenhong	0.28	0.62	0.19	0.88
Fhs	0.01	0.97	-0.20	0.45
L1. lnsize	-0.39	0.00	-0.38	0.00
_cons	6.20	0.00	5.81	0.03
R^2	0.161		0.245	
Wald 检验	41 (0.00)		30.5 (0.00)	
hausman 检验	chi2 (10) = 10.01 (0.44)		chi2 (10) =6.5 (0.77)	

表 6.12 偏股型基金与混合型基金的赎回与业绩关系

解释变量	被解释变量 shl							
	偏股型基金				混合型基金			
	系数	P 值	系数	P 值	系数	P 值	系数	P 值
sgl/shl			0.22	0.00			0.31	0.00
L1.r	−0.13	0.62	−0.09	0.59	−0.58	0.31	−0.11	0.67
r	−1.27	0.00	−0.55	0.02	−0.53	0.61	−0.39	0.42
L1.σ	−0.33	0.48	−0.14	0.61	−0.80	0.42	−0.04	0.93
σ	0.76	0.19	0.42	0.24	−0.58	0.70	−0.25	0.73
Rf	−10.80	0.69	14.82	0.38	−23.45	0.66	1.72	0.94
Rm	0.94	0.00	0.54	0.00	0.37	0.63	0.25	0.49
σm	−2.90	0.00	−0.84	0.14	−4.09	0.02	−0.61	0.45
Fenhong	−0.61	0.00	−0.42	0.00	0.04	0.94	0.05	0.84
Fhs	0.07	0.33	0.05	0.20	−0.02	0.85	−0.09	0.14
L1.lnsize	0.00	0.97	−0.08	0.00	0.03	0.06	−0.12	0.01
_cons	0.85	0.22	2.00	0.00	0.77	1.27	2.72	0.00
R^2	0.07		0.64		0.008		0.82	
Wald 检验	50.8（0.00）		1117（0.00）		18.24（0.05）		79.48（0.00）	
hausman 检验	15.1（0.13）		12.2（0.35）		5.06（0.89）		（0.00）	

表 6.13 偏股型基金与混合型基金的申购与业绩关系实证结果

解释变量	被解释变量 sgl							
	偏股型基金				混合型基金			
	系数	P 值	系数	P 值	系数	P 值	系数	P 值
sgl/shl			2.91	0.00			2.61	0.00
L1.r	−0.19	0.84	0.18	0.76	−1.56	0.35	−0.05	0.95
R	−3.32	0.02	0.37	0.66	−0.70	0.82	0.70	0.60
L1.σ	−0.84	0.62	0.10	0.92	−2.55	0.38	−0.45	0.73
σ	1.57	0.46	−0.64	0.62	−1.23	0.78	0.29	0.88
Rf	−118.55	0.24	−87.17	0.16	−82.63	0.59	−21.34	0.75
Rm	1.82	0.11	−0.90	0.20	0.52	0.82	−0.44	0.65
σm	−9.53	0.01	−1.12	0.60	−11.41	0.03	−0.71	0.76
Fenhong	−0.88	0.21	0.88	0.04	−0.14	0.93	−0.26	0.73

续表

解释变量	被解释变量 sgl							
	偏股型基金				混合型基金			
	系数	P 值	系数	P 值	系数	P 值	系数	P 值
Fhs	0.06	0.82	-0.14	0.37	0.18	0.64	0.24	0.15
L1. lnsize	0.39	0.00	0.39	0.00	0.40	0.02	0.34	0.00
_cons	-5.35	0.04	-7.83	0.00	-5.04	0.18	-7.04	0.00
R^2	0.055		0.61		0.057		0.89	
Wald 检验	43 (0.00)		1096 (0.00)		27.07 (0.00)		973.7 (0.00)	
hausman 检验	11.6 (0.31)		8.54 (0.66)		6.43 (0.78)		3.82 (0.97)	

6.6　开放式基金 FPR 特征：个人投资者对比机构投资者

为了进一步区分基金个人投资者与机构投资者的申购赎回行为是否存在差异，我们应用新的数据实证基金业绩净赎回与基金业绩的关系。

6.6.1　数据、模型与变量

本节数据与前五节不同，应用的是半年度数据，数据来源于上海 Wind 资讯与腾讯基金频道。依然是 16 只偏股型开放式基金，样本区间为 2004 年 12 月 30 日至 2008 年 12 月 30 日，8 个半年，为 16×8 的面板数据。受数据限制，只能对净赎回与基金业绩的关系进行实证。本节分别实证了机构投资者与个人投资者账户净赎回与基金业绩关系。思路与前几节类似，首先以普通面板数据方法实证为基准，并且与前几节的季度数据实证结果相比较，确认半年度评价期与季度评价期没有对基金 FPR 形成较大影响；其次消除投资流持续性影响进一步分别考察机构投资者与个人投资者净赎回与基金业绩的关系；最后考察两类投资者基金净赎回与基金业绩的非线性特征（受样本量限制，仅考察两个阶段），由于在时间序列上仅有八个时期，没有分阶段进行考察。在实证模型上采用的是本章前几节有关净赎回与基金业绩的普通面板回归模型、动态面板模型与门限面板回归模型，变量也基本相似，解释变量为基金半年收益率，控制变量为基金收益率波动风险、半年分红、分红次数、基金资产规模、股市收益与波动风险等。各变量的描述性统计如表 6.14 和图 6.2 所示。

表6.14　　　　　　　　个人投资者与机构投资者净赎回

统计量	均值	最大值	最小值	变异系数	标准差
nsh	−0.81	0.75	−33.41	−4.12	3.34
nshins	−0.23	0.97	−19.73	−7.40	1.67
nshind	−1.93	0.90	−48.50	−3.67	7.07
rl	0.04	0.83	−0.83	8.94	0.33
fenhong	0.15	2.80	0.00	2.62	0.40
fhs	0.64	7.00	0.00	1.44	0.92
lnsize	20.86	24.22	18.05	0.06	1.15
rm	0.07	0.36	−0.28	3.22	0.21
σm	0.16	0.24	0.08	0.37	0.06
rf	0.01	0.02	0.01	0.28	0.00
σ	0.20	0.64	0.00	0.67	0.13
rind	60.29	99.57	7.69	0.45	27.40

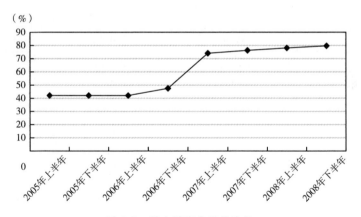

图6.2　基金投资者结构变化

6.6.2　实证结果分析

应用 Eviews 6.0 软件进行单位根检验，证明本节面板数据样本是平稳的。应用动态面板方法检验半年度业绩持续性，发现与季度数据一样，基金业绩不具有持续性而且出现反转，影响系数与显著性是 - 0.61 （0.00）。

从表 6.15 总账户净赎回方程实证结果可以看出，总体账户净赎回与基金滞后期业绩关系不显著负相关，与即期业绩正相关，这与季度数据结论基本相同。个人投资者账户净赎回与滞后期基金收益接近 10% 置信水平的负相关，与即期基金收益正相关；而机构投资者净赎回与基金收益变动关系与此恰好相反；与滞后期收益正相关，而与即期收益负相关。除此以外，个人投资者对基金业绩反应要比机构投资者敏感，表现在影响系数与显著性上。对此的一个解释是：机构投资者信息搜集与处理能力较强，在申购前能综合利用更多的信息（滞后期），因而对滞后期收益更敏感，而赎回可能对滞后期信息不太敏感。

表 6.15　　个人投资者与机构投资者对基金业绩的不同反应 （普通面板）

解释变量	总体 净赎回方程	个人投资者 净赎回方程	机构投资者 净赎回方程
L. rl	- 0.591 (0.583)	- 3.170 (0.108)	0.956 * (0.004)
rl	1.500 (0.461)	13.75 * (0.000)	- 0.377 (0.552)
fenhong	- 1.976 * (0.040)	- 0.586 (0.739)	- 0.0714 (0.812)
fhs	0.0817 (0.813)	- 0.747 (0.239)	- 0.0636 (0.555)
rm	- 2.233 (0.492)	- 23.08 * (0.000)	2.116 * (0.037)
σm	8.147 (0.534)	- 9.947 (0.678)	10.25 * (0.012)
rf	272.4 (0.178)	655.1 [+] (0.077)	- 83.86 (0.183)
lnsize	0.0168 (0.950)	0.741 (0.131)	0.0473 (0.571)
σ	- 15.13 * (0.004)	- 9.572 (0.323)	- 7.033 * (0.000)

续表

解释变量	总体 净赎回方程	个人投资者 净赎回方程	机构投资者 净赎回方程
rind	− 0.0327 * (0.031)	− 0.0733 * (0.008)	0.00706 (0.136)
_cons	− 0.321 (0.956)	− 16.10 (0.131)	− 0.773 (0.670)
R^2	0.47	0.57	0.34
Wald 检验	100.15	183.54	46.03
Hausman 检验	5.86 (0.75)	4.00 (0.91)	1.48 (0.99)
N	119	119	119

注: 括号内数字为 P 值, ＊表示 $P < 0.1$。

由于基金总账户与个人投资者账户的基金 FPR 关系变动方向一致, 与机构投资者 FPR 关系变动方向相反, 由此可知, 总账户的基金 FPR 关系主要由个人投资者 FPR 关系所致。

进一步应用动态面板数据模型消除投资流持续性对基金 FPR 影响, 实证发现, 机构投资者账户净赎回与基金业绩关系不再显著, 而个人投资者账户净赎回与基金业绩反而变得更加敏感, 影响系数与显著性明显加大。这说明机构投资者信息能力较强, 较为理性, 不断更新基金业绩信息, 持续地调整申购、赎回策略。

除此以外, 实证发现投资流都不具有持续性而且显著出现"反转", 机构投资者投资流反转明显高于个人投资者投资流。对此解释是: 机构投资者账户交易量大, 资金雄厚, 申购赎回的话语权较强, 当基金投资流大量外流时, 基金管理公司更愿意采取优惠政策 (例如降低申购、赎回费率), 说服机构投资者"申购救援"或者令其延缓赎回。而在形势逆转时, 基金可能采取完全不同的策略, 因而基金机构投资者也会作出完全相反的变化。

进一步利用门限面板模型分开考察机构投资者与个人投资者对基金业绩的非线性反应, 受研究样本所限, 仅应用零个门限值与一个门限值的门限面板模型进行考察。根据以上的研究结论, 我们发现总体净赎回与机构投资者净赎回对滞后期基金业绩较为敏感, 而个人投资者对基金滞后期与即期业绩都比较敏感, 因而我们对前者只考察其对滞后期基金业绩的门限转换效应,而对后者则分别考察其对滞后期与即期基金业绩的门限效应。表 6.17 实证结果表明，总账户基金净赎回与基金业绩关系在半年期评价区间同样具有门限转换特征，净赎回在低业绩阶段与基金业绩负相关，而在高业绩阶段与基金业绩正相关。

将机构投资者账户与个人投资者账户净赎回分别对基金业绩进行实证发现，个人投资者净赎回与滞后期、即期基金业绩的关系都存在门限效应（见表 6.17~表 6.19）。对于滞后期低业绩基金组（输家基金组），净赎回与滞后期基金业绩不显著正相关，而对于滞后期高业绩基金组（赢家基金组），净赎回与滞后期基金业绩显著负相关。净赎回与即期业绩变动关系也表现出门限效应，都为正相关，但是对于低业绩更加敏感。

表 6.16　　个人投资者与机构投资者对基金业绩的不同反应（动态面板）

解释变量	总体净赎回方程	个人投资者净赎回方程	机构投资者净赎回方程
L. nsh	-0.175^* (0.000)	-0.365^* (0.000)	-0.575^* (0.000)
L. rl	0.122 (0.904)	4.213^* (0.039)	0.201 (0.564)
rl	3.552 (0.103)	32.17^* (0.007)	-1.213 (0.267)
L. fenhong	$-1.412+$ (0.095)	-3.984^* (0.000)	-0.107 (0.736)
fenhong	-5.113^* (0.009)	0.181 (0.968)	-0.465 (0.437)
fhs	0.416 (0.205)	-1.210^+ (0.063)	0.206^+ (0.088)
rm	-4.993 (0.170)	-50.31^* (0.001)	0.918 (0.590)
σm	-1.406 (0.936)	28.30 (0.293)	1.792 (0.709)
rf	20.74 (0.894)	-1115.7 (0.133)	-213.7^* (0.015)
lnsize	-0.372 (0.478)	-0.751 (0.428)	-0.372^* (0.001)

续表

解释变量	总体净赎回方程	个人投资者净赎回方程	机构投资者净赎回方程
σ	− 0. 662 (0. 939)	27. 57 (0. 320)	− 4. 702 (0. 186)
_cons	8. 107 (0. 464)	19. 02 (0. 359)	11. 11 * (0. 001)
Abond	− 1. 71 (0. 09)	− 2. 11 (0. 03)	0. 23 (0. 81)
相关检验	− 0. 85 (0. 39)	− 1. 40 (0. 16)	− 1. 15 (0. 25)
wald 检验	532. 52 (0. 00)	6457. 15 (0. 00)	1774. 1 (0. 00)
Sagan 检验	2. 49 (1. 00)	9. 91 (1. 00)	5. 00 (1. 00)
N	119	119	119

注：括号内数字为 P 值，+ 表示 $P < 0.10$，* 表示 $P < 0.01$。

表 6.17 开放式基金业绩对总净赎回非线性影响的实证

解释变量	固定效应面板模型		门限面板模型			
			低业绩阶段		高业绩阶段	
	系数	概率	系数	概率	系数	概率
fenhong	− 2. 42	0. 01	− 1. 70	0. 10		
fhs	− 0. 09	0. 81	− 0. 39	0. 34		
lnsize	− 0. 67	0. 16	− 0. 63	0. 18		
rm	− 1. 57	0. 66	2. 72	0. 50		
σm	8. 42	0. 52	12. 95	0. 32	同低业绩阶段	
rf	278. 66	0. 17	170. 99	0. 41		
σ	− 16. 11	0. 00	− 25. 79	0. 00		
rind	− 0. 04	0. 11	− 0. 03	0. 17		
r	− 1. 03	0. 38	− 1. 47	0. 21		
l. r	0. 84	0. 72	− 7. 85	0. 10	2. 30	0. 34
观测个数	136		44		92	
门限值	l. r = − 0. 14					
门限效应检验	Ho：无门限；Ha：单门限；F = 3. 92 (0. 00)					
残差平方和	871. 96		841. 41			

表 6.18　　　开放式基金业绩对个人投资者净赎回非线性影响的实证

解释变量	固定效应面板模型		门限面板模型			
			以 l.r 为门限变量		以 r 为门限变量	
	系数	概率	系数	概率	系数	概率
fenhong	-1.53	0.40	-0.83	0.64	-2.08	0.24
fhs	-1.16	0.11	-1.43	0.05	-1.10	0.11
lnsize	-0.12	0.90	-0.26	0.76	-0.30	0.72
rm	-18.57	0.01	-16.14	0.01	-29.12	0.00
σm	1.09	0.96	8.16	0.73	13.18	0.58
rf	833.81	0.03	1134.41	0.00	500.56	0.20
σ	-13.37	0.19	-17.29	0.09	8.16	0.52
rind	-0.13	0.00	-0.15	0.00	-0.14	0.00
低 r	10.62	0.01	9.36	0.03	23.54	0.00
高 r					11.33	0.01
低 l.r	-4.51	0.04	3.00	0.43	-2.89	0.19
高 l.r			-10.57	0.00		
观测个数	136		25 与 111		108 与 28	
门限值			l.r = -0.27		r = 0.382	
门限效应检验	Ho：无门限；H F = 4.77 (0.00)；F = 4.77 (0.00)					
残差平方和	2965.34		2839.86		2799.12	

表 6.19　　　开放式基金业绩对机构投资者净赎回非线性影响的实证

解释变量	固定效应面板模型		门限面板模型 以 l.r 为门限变量	
	系数	概率	系数	概率
fenhong	-0.08	0.81	-0.17	0.58
fhs	-0.04	0.72	0.01	0.94
lnsize	-0.10	0.52	-0.07	0.65
rm	2.19	0.05	1.43	0.20
σm	10.03	0.02	9.27	0.02
rf	-79.95	0.22	-131.7	0.05
σ	-7.38	0.00	-6.06	0.00
rind	0.01	0.33	0.01	0.18

续表

解释变量	固定效应面板模型		门限面板模型 以 l. r 为门限变量	
	系数	概率	系数	概率
r	− 0. 53	0. 47	− 0. 11	0. 88
低 l. r	0. 85	0. 02	− 0. 51	0. 40
高 l. r			1. 65	0. 00
观测个数	136		15；121	
门限值			l. r = − 0. 366	
门限效应检验	Ho：无门限；F = 7. 54（0. 00）			
残差平方和	86. 59		80. 93	

机构投资者对于滞后期基金业绩的反应也存在非线性特征，在低业绩阶段，净赎回与基金滞后期业绩存在不显著负相关关系，而在高业绩阶段，净赎回与基金业绩存在显著的正相关关系。对此的解释是：机构投资者可能不通过金融机构分析师进行申购决策，其投资也不局限于几只老基金，而是不断地搜寻有盈利前景的新基金，因而其搜寻成本、信息成本、参与成本都比较大，只有选择那些业绩较高的基金，才能克服参与成本、信息成本等成本的制约。因此，机构投资者对高业绩敏感，对低业绩不敏感。

6.7　净赎回、申购、赎回对基金年度绝对业绩的反应

以上五节样本数据为季度数据或者半年数据，巴克罗等（Baquero et al. , 2009）发现投资者在不同评价区间对基金业绩反应方式不一样，鉴于此，本书应用年度面板数据，进一步分别考察基金收益率、加权净值收益率、基金净值、基金加权净值等绝对绩效指标对投资流的影响（限于篇幅，仅列出结果）。数据来源于上海 Wind 资讯，为 2003 ~ 2007 年的 42 只开放式基金数据。解释变量与控制变量定义基本与季度数据基本相同，此处不再赘述。实证结果如下。

（1）以基金净值收益率带入模型得：收益率对净赎回影响系数为 − 0. 008（p = 0.872），R-sq 为 0. 551；收益率对申购影响系数为 − 0. 0116（p = 0. 272），R-sq 为 0. 516；收益率对赎回影响系数为 − 0. 0124（p = 0. 103），

R-sq 为 0.345；三个方程的其他影响系数符号与显著性基本不变。以加权平均基金净值收益率代替相对绩效，实证结果与基金净值收益率完全相似。

（2）以夏普比代替净值收益率，同时在解释变量中去掉相对方差。夏普比率 $X_{it} = (R_{it} - rf_{it})/\sigma_{it}$ 表示风险调整后的收益（R_{it} 表示基金净值收益率；rf_{it} 表示无风险利率，以银行存款年利率代表；σ_{it} 表示基金收益波动风险）。带入模型得：对净赎回率影响系数为 0.054（p = 0.552），R-sq 为 0.552；收益率对申购率影响系数为 -0.16（p = 0.409），R-sq 为 0.514；对赎回率影响系数为 -0.106（p = 0.449），R-sq 为 0.337；其他影响系数变化不大。

（3）以股市收益与风险调整后的净值收益率（O'Neal, 2004）代替净值收益率，同时在解释变量中去掉相对方差。令 $Y_{it} = (R_{it} - rm_{it})/\sigma_{it}$ 表示经过市场参照标准与风险调整后的收益率，代入模型得：对净赎回率影响系数为 0.00011（p = 0.19），R-sq 为 0.551；收益率对申购率影响系数为 -0.00021（p = 0.221），R-sq 为 0.513；对赎回率影响系数为 -0.00011（p = 0.400），R-sq 为 0.336；其他变量影响系数变化不大。

（4）以基金净值代替净值收益率，同时控制基金收益风险，分别代入模型得：净值对申购影响系数为 0.0098（p = 0.377），R-sq 为 0.511；对赎回影响系数 0.012（p = 0.144），R-sq 为 0.342；对净赎回影响系数为 -0.0019（p = 0.723），R-sq 为 0.546，其他变量变化不大。

（5）以基金累计份额净值代替净值收益率，同时控制基金收益风险，分别代入模型得：对净赎回影响系数为 0.0019（p = 0.248），R-sq 为 0.550；累计份额净值对申购影响系数为 -0.0073（p = 0.037），R-sq 为 0.521；对赎回影响系数 -0.0054（p = 0.033），R-sq 为 0.351；其他变量变化不大。

（6）以基金加权平均份额净值代替净值收益率，同时控制基金收益风险，分别代入模型得：对净赎回影响系数为 -0.020（p = 0.013），R-sq 为 0.563；加权平均份额净值对申购影响系数为 0.035（p = 0.045），R-sq 为 0.521；对赎回影响系数 0.015（p = 0.244），R-sq 为 0.338；除股市收益对净赎回影响系数变显著，其他变量变化不大。

通过以上各种年度绝对业绩指标对开放式基金投资流影响结果可以看出，总体上投资者申购、赎回、净赎回在年度评价期内对基金业绩不敏感。申购、赎回与基金净值增长类业绩负相关，而净赎回与其正相关，这与季度实证结果基本一致；投资者申购、赎回与基金净值类业绩正相关，而投资者净赎回与基金净值类业绩负相关。

6.8　本章小结

本章利用国内基金市场的面板数据从基金绝对业绩的角度，对中国开放式基金 FPR 进行了实证。本章主要结论有以下九点。

（1）国内开放式基金净赎回与基金绝对业绩正相关，在更大样本空间证实了国内文献所共同发现的"异常净赎回"现象。基金投资者申购与基金业绩显著负相关（"异常申购"）。而基金投资者赎回与基金业绩负相关，并没有表现出如国内学者所推断的"处置效应"（"异常赎回"）。基金净赎回与业绩之所以表现出"异常净赎回"，是因为投资者"异常申购"，而不是因为投资者"异常赎回"所致。

基金"异常净赎回"的重要原因是基金市场存在数量较高的短期投资者，他们在季度内交易较为频繁，当期申购基金，随即赎回基金。其更深层次原因则是基金绝对业绩不具有持续性而且显著反转。在基金业绩剧烈波动的异常环境下，投资者容易形成短期投资、短期投机与风险规避心理，因而倾向于选择基金业绩较差、净值较低的基金进行申购，如此既可以留下较大的操作空间，又可以规避风险，防止一旦申购即被套牢。

（2）按照中国股市在 2004 ~ 2009 年的变化分为熊市—牛市—熊市三个阶段，进一步对中国开放式基金 FPR 进行实证。实证结果表明，在第一个熊市阶段，投资者净赎回与基金业绩负相关，申购、赎回均与基金业绩正相关，但是均不显著。此阶段存在短线操作的投资者，但是其对基金 FPR 影响不大。

在新一轮牛市中，投资者的交易方式发生了逆转，投资者申购与基金业绩负相关，即期赎回也开始与基金业绩负相关，且基金申购比赎回对基金业绩更敏感，因而净赎回与基金业绩正相关。这一阶段的基金 FPR 主要由短线操作投资者所致。

在第二个熊市阶段，投资者净赎回、申购与赎回与基金业绩的关系基本与第二阶段相同，但是对基金业绩更为敏感。第二熊市阶段基本不存在短线操作投资者，基金 FPR 由长期投资者所致。

（3）在控制投资流持续性影响后，净赎回仍然与基金滞后期收益、即期收益正相关。净赎回不具有持续性。滞后期净赎回对基金业绩影响不显著，而即期净赎回对基金收益具有正的贡献。

（4）控制投资流持续性影响以后，基金赎回、申购与业绩仍然保持负相关。实证结果还发现，投资者赎回具有持续性，而投资者申购具有非持续性。

（5）通过考察基金净赎回与基金业绩的非线性特征发现，基金净赎回与基金业绩的关系存在门限效应，基金净赎回在低业绩阶段比高业绩阶段要敏感。

基金净赎回与业绩在高、中、低业绩阶段都表现出显著正相关，低业绩阶段正相关最为敏感，高业绩阶段最不敏感，呈凹性负反馈关系，这与国外的凸性正反馈基金 FPR 恰好相反。

基金投资者申购与业绩显著负相关，也存在门限转换效应，随基金业绩提高，申购敏感度降低，基金 FPR 呈凸性负相关关系，即"异常申购"。

投资者赎回与基金业绩的关系也存在门限转换特征。投资者赎回在低、中、高业绩阶段都与基金业绩负相关，随业绩提高敏感性逐渐降低，基金 FPR 呈凸性负相关关系。

（6）偏股型基金净赎回对业绩反应要比混合型基金敏感。偏股型基金投资者无论是申购还是赎回，都对业绩非常敏感，而混合型基金投资者都不敏感。

（7）当将个人投资者账户与机构投资者账户进一步分开实证时发现，半年度评价期的投资流与基金业绩关系与季度评价期的基本一致。个人投资者净赎回与滞后期基金收益负相关，与即期基金收益正相关，而机构投资者净赎回与滞后期收益正相关，而与即期收益负相关。除此以外，个人投资者对基金业绩反应要比机构投资者敏感。

机构投资者账户与个人投资者账户净赎回都不具有持续性，相反投资流容易出现"反转"，而且机构投资者投资流反转更明显。

个人投资者净赎回与滞后期、即期基金业绩的关系都存在门限效应。对于滞后期低业绩基金组，投资者净赎回与滞后期基金业绩正相关，而对于滞后期高业绩基金组，净赎回与滞后期基金业绩负相关。投资者净赎回与即期业绩变动关系也表现出门限效应，都表现为正相关，但是对于低业绩更加敏感。

机构投资者对于滞后期基金业绩的反应也存在非线性特征，在低业绩阶段，净赎回与基金滞后期业绩存在不显著的负相关关系，而在高业绩阶段，净赎回与基金业绩存在显著的正相关关系。

（8）应用年度样本数据考察基金年度 FPR 关系发现，基金年度 FPR 关系与季度 FPR 变动方向基本一致，但是投资流在年度评价期内对基金业绩不敏感。此外，投资者申购、赎回与基金净值类业绩指标正相关，而投资者净赎回与基金净值类业绩负相关。

（9）其他因素对净赎回、申购与赎回的影响。除基金收益以外，股市收益与风险、基金分红、基金规模等其他因素对基金净赎回、申购、赎回也有重要影响。实证结果表明，基金净赎回与股市收益显著负相关，而申购、赎回与其正相关。

基金净赎回与股市波动风险显著正相关，赎回与申购都与股市波动风险显著负相关。上期分红对净赎回有抑制作用，对申购、赎回都有促进作用，对前者促进作用更大；当期分红导致净赎回增加，对申购、赎回都有抑制作用，对申购作用大于赎回。投资者申购对基金收益波动风险不敏感，投资者赎回仅与即期基金收益波动风险正相关，与历史收益波动风险无显著相关关系。净赎回与滞后期收益、即期收益都不显著相关。净赎回与银行同期存款利率正相关，申购、赎回均与银行利率负相关，但是申购更敏感。基金滞后期资产规模与基金净赎回显著负相关，与投资者申购、赎回显著正相关。

第7章 中国开放式基金 FPR 实证 分析：相对业绩视角

正如第 2 章所述，国外开放式基金 FPR 相关文献，既考察了基金绝对绩效对净投资流以及资金流入、流出的影响，又考察了基金相对绩效对净投资流以及资金流入、流出的影响，相比而言，国内大多数文献仅考察了基金绝对业绩对净投资流的影响。第 6 章已从基金绝对业绩的视角对中国开放式基金 FPR 进行实证，本章将利用中国数据从基金相对绩效的视角进一步考察：基金相对绩效又是如何影响投资者净赎回以及申购、赎回？

本章将从实证方面考察基金相对绩效对投资流的影响，主要包括以下内容：（1）应用 DEA 技术测度基金各年投入产出的相对绩效（各年 DEA 效率得分），应用参数法考察相对绩效对净赎回、申购、赎回的各自影响[①]。（2）根据 DEA 投入结构的业绩指标进行排名，用斯皮尔曼相关系数考察其与净赎回、申购、赎回排名的关系。（3）应用季度数据，进一步考察基金业绩相对排名（收益率与净值）对基金净赎回、申购、赎回排名的影响。

7.1 基金年度 DEA 相对效率对投资流的影响

相比于传统基金绩效评价中的参数法或业绩排名方法，DEA 优点非常显著：无须假定投入产出函数特定变化关系、无须假设市场有效性与选择市场组合，可避免参数法评估结果的失真问题；以各基金自身为参照对象，强调"横向比较中找最优"，可避免宏观政策、市场波动、法律环境、制度环境等

[①] 与此相关内容集中在论文《相对绩效与开放式基金投资者的流动》中，该论文曾在 2009 年中国第六届金融学年会上宣读。

系统性风险影响；除此以外，DEA 善于处理多投入、多产出问题，可避免参数法中被解释变量的唯一性以及解释变量的多重共线性问题。

7.1.1　DEA 原理与模型

DEA 是一种数学最优化技术，利用数学规划模型对具有多输入、多输出决策单元（DMU）之间相对有效性进行评价。查恩斯、库伯和罗德斯（Charnes，Cooper and Rhodes，1978）根据法雷尔（Farrell，1957）的效率概念（技术效率、配置效率）提出了 CCR 模型。其原理是在固定规模报酬假设下，利用线性规划与对偶定理，获得 DMU 的生产可能集"前沿面"，并根据决策单元偏离有效前沿面的距离评价其相对有效性。DEA 可从投入、产出导向两个角度来研究效率问题，前者是在既定产出水平下追求最小投入，而后者则是在给定投入水平下追求最大产出。CCR 模型是投入导向的，其实质是求解以下线性规划问题，即：

$$\min_{\theta,\lambda}\theta,$$
$$\text{st}\quad -y_i + Y\lambda \geqslant 0, \theta x_i - X\lambda \geqslant 0, \lambda \geqslant 0 \qquad (7-1)$$

在该线性规划中，假定有 N 个决策单元样本，每个决策单元的生产安排有 K 种投入、M 种产出，投入和产出矩阵分别为 $X_{K\times N}$、$Y_{M\times N}$。x_i、y_i 为第 i 个决策单元的投入和产出向量，θ 是标量，满足 $0 \leqslant \theta \leqslant 1$ 的条件；λ 是 $N\times 1$ 的常数向量。根据法雷尔（1957）定义，θ 代表第 i 个决策单元的（技术）效率得分，若 $\theta = 1$，说明该厂商位于生产前沿面上，是一个技术决策有效单元；否则，就说明其位于生产前沿之下，存在 $1-\theta$ 的技术效率损失。

上述方法假设所有生产决策单位都处于最优规模，而事实上由于不完全竞争、信息不对称等问题的存在，基金决策单位很难在最优规模上进行生产，存在一定规模效率损失。为了使结果更符合实际，班克、查恩斯和库伯（Banker，Charnes and Cooper，1984）在 CCR 模型基础上提出了 BCC 模型，将规模报酬不变（CRS）拓展到规模报酬可变（VRS）。VRS 可以区分纯粹技术效率和规模效率，衡量决策单元是否处于最佳规模状态，通过求解以下线性规划问题来测度技术效率，即：

$$\min_{\theta,\lambda}\theta,$$
$$\text{st} \quad -y_i + Y\lambda \geq 0, \theta x_i - X\lambda \geq 0, I_N'\lambda = 1, \lambda \geq 0 \tag{7-2}$$

可见，VRS 与 CRS 的差别仅在于增加了一个约束条件，其中，I_N 是 N × 1 的单位向量。DEA 的 VRS 形式可以得到一个包络观测点在内的截面凸包，对数据的包络较 CRS 形式更为紧密，其结果是两者技术效率不相等，其差别被解释为规模效率，即：

$$SE = TE_{CRS} / TE_{VRS} \tag{7-3}$$

由于 VRS 更接近现实，其 DEA 模型已成为最常用方法。本书应用 BCC 模型来测定开放式基金相对绩效。

7.1.2 基金投入、产出结构

从 Wind 数据库中，选取 2003～2007 年的 42 只开放式基金的投入产出数据，其描述性统计如表 7.1 所示。

表 7.1　　　　　　　基金投入（x）与产出（y）描述性统计特征

统计量	Y1	y2	y3	x1	x2	x3	x4
均值	21.52	40.90	97.43	0.23	1.97	1.30	0.19
标准差	25.48	48.92	141.81	0.09	0.96	0.56	0.20
最大值	108.47	154.07	496.64	0.59	6.53	3.55	1.02
最小值	0.00	0.00	0.00	0.05	0.32	0.19	0.01
变异系数	1.18	1.20	1.46	0.37	0.49	0.43	1.06
观测数	210	210	210	210	210	210	210

考虑到开放式基金的特点，本书将风险作为投入，以相对标准差代替。x1、x2、x3、x4 为投入指标，分别表示基金管理费、基金托管费、基金费用合计、相对标准差。x1、x2、x3 用 Wind 原始数据除以对应的基金总资产净值得到，相对标准差 x4 具体计算参见赵秀娟等（2007）。y1、y2、y3 为产出指标，分别表示基金加权净值、份额净值、累计净值，这三个绝对绩效指标可全面反映基金的业绩，用 Wind 中的原始数据放大 100 倍得到。根据曹广喜等（2007）的研究，投入、产出指标中的负数均用 0.001 代替，以消除负数值对 DEA 估计的影响。

利用 DEA，将上述费用、风险与收益组合转化为各开放式基金的相对绩效，接下来应用面板数据检验其对投资者申购、赎回决策的影响。

7.1.3　计量模型与数据说明

7.1.3.1　模型设定与变量定义

根据奥尼尔（O'Neal，2004）与陆蓉（2007）的研究，设定面板数据计量模型，即：

$$y_{i,t} = e\beta_1 + X\beta_2 + v_i + \varepsilon_{it} \tag{7-4}$$

其中，$y_{i,t}$ 表示申购率、赎回率或净赎回率等被解释变量；e 表示滞后期与即期相对绩效；β_1 是其系数向量；X 表示股市收益与波动风险、分红、基金规模、风格等控制变量；β_2 表示控制变量的系数向量；v 表示个体效应；ε 表示随机效应。

之所以控制这些因素，是因为众多学者发现除绩效以外，投资流与股市收益以及风险正相关（Boyer et al.，2009；陆蓉等，2007）与资产管理规模（Nanda et al.，2004；Getmansky，2005）、基金所处管理公司（Benson，2008）、分红（刘志远等，2004；陆蓉等，2007）、风格（Cooper et al.，2004；Swingkels et al.，2006）等因素也存在不同程度关联。除此以外，在申购（赎回）的方程中，我们根据奥尼尔（2004）的研究，还控制了赎回（申购）的影响，以区分短线、长线投资者（O'Neal，2004）。

在估计方法上，本书运用动态面板估计方法检验发现被解释变量（基金投资流）滞后项的影响并不显著，故直接采用基本的面板数据模型，根据哈斯曼（hausman）检验结果，选用固定效应或是随机效应方法估计。变量定义如表 7.2 所示。

表 7.2　　　　　　　　　　　变量定义与说明

变量	定义与说明
$sgl_{i,t}$	申购率：i 基金第 t 年申购款／（第 t−1 年基金净值）／（1＋第 t 年净值收益率）
$shl_{i,t}$	赎回率：i 基金第 t 年赎回款／（第 t−1 年基金净值）／（1＋第 t 年净值收益率）
$nshl_{i,t}$	净赎回率：赎回率−申购率

变量	定义与说明
$eff_{i,t}$	表示 i 基金第 t 年的相对效率，在前述投入产出结构下，通过 DEA 法获得
rm	市场收益率：用沪深 300 收益率代替，在其成立之前用 A 股成指收益率代替
σm	市场收益的波动风险
$fenhong_{i,t}$	分红：i 基金第 t 年分红总额，没有分红的记为 0
$lnsize_{i,t}$	基金规模：i 基金第 t 年基金净资产对数
comp	基金管理公司：虚拟变量，分别设为 0 ~ 12，总共有 13 个基金管理公司
style	基金风格：虚拟变量，债券型为 0，成长型设为 1，稳健型设为 2
变量前 L	指变量的滞后期

7.1.3.2 各变量的描述性统计

由表 7.3 可见，在各变量中变化最大的是净赎回，然后是申购、赎回、分红、股市收益，变化最小的是基金规模。基金申购、赎回无论是均值或者变异系数都非常接近，这表明两者可能密切相关。申购率、赎回率平均值都大于 1，也即当年申购、赎回量比年初基金净值还大，这表明中国开放式基金投资者具有高换手率、短线交易的特征。

表 7.3　　　　基金净赎回、申购、赎回等变量描述性统计特征

统计量	nshl	sgl	shl	eff	fenhong	lnsize	rm	σm	comp	style
均值	− 0.41	1.74	1.33	0.78	0.08	20.94	0.70	3.33	4.74	1.05
最大值	1.09	28.94	20.78	1.00	0.81	24.36	1.89	4.49	12.00	2.00
最小值	− 13.33	0.00	0.02	0.21	0.00	17.99	− 0.27	2.57	0.00	0.00
标准差	1.91	3.89	2.49	0.21	0.11	1.20	0.86	0.67	4.23	0.65
变异系数	− 4.69	2.24	1.87	0.28	1.35	0.06	1.23	0.20	0.89	0.63

各年平均申购、赎回、净赎回动态变化趋势如图 7.1 所示，从图中进一步可以看出，投资者申购、赎回之间变化趋势非常一致，可能存在相关关系，因而可能存在短线投资者，当年申购（赎回）即选择赎回（申购）。从净赎回的变动还可以看出，2003 ~ 2005 年基金投资流表现为净流出，而随着 2006 年股市的逐渐升温，基金投资流转变为净流入。

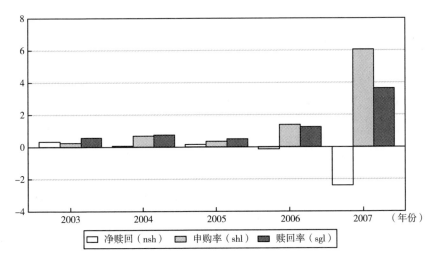

图 7.1　投资者申购、赎回、净赎回的动态演变

从基金投资流与相对业绩平均值随各基金的横截面变化（见图 7.2）可以看出，各基金申购、赎回变动方向一致，各开放式基金 5 年的平均相对效率值比较接近，这与我国开放式基金发展过程中的持股趋同、收益趋同等实际非常吻合。净赎回平均为负，表明各基金在 5 年内资产管理规模平均有增长趋势。基金平均相对绩效相差不大，而申购、赎回、净赎回变化却较大，说明影响投资流除基金相对绩效以外，还存在其他因素，须在计量实证中予以考虑。

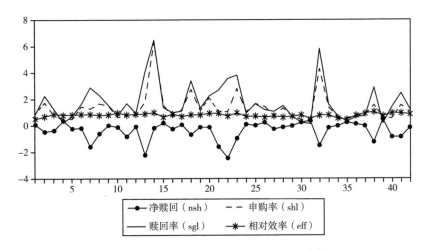

图 7.2　投资者申购、赎回与基金相对绩效的横截面变化

7.1.4 实证结果分析

7.1.4.1 申购与基金相对绩效正相关

从申购方程一、方程二实证结果可以看出，申购与基金即期相对绩效显著正相关，与上期业绩没有显著关系（在实证过程中已剔除）。这一方面表明国内开放式基金申购与相对绩效之间已形成"优胜劣汰"的关系；另一方面则说明国内投资者对业绩的反应是一种短期反应，仅对过去几个月或几个季度的基金业绩反应敏感，而对过去一年以上的业绩不敏感。此外，在控制滞后期赎回影响下，申购方程二相对业绩的影响系数变小，表明基金存在短线操作的投资者，对基金业绩更敏感。

投资者之所以喜欢选择基金相对绩效高的基金进行申购，主要出于两种原因：一是理性地筛选基金必须花费大量的时间、金钱与精力，而根据基金历史业绩筛选基金可以降低搜寻成本，简化筛选过程。随着我国开放式基金的逐年增加，理性选择基金将更加困难。二是投资者对相对业绩持续性有信心。投资者往往相信基金过去业绩能代表未来业绩的概率分布，基金相对绩效会延续到未来，因而喜欢申购相对绩效较高的基金。巴克罗等（2008）指出，投资者在申购、赎回时存在"热手"（hot hand）心理偏差，投资者普遍认为基金过去业绩能代表未来业绩的概率分布。由第 5 章可知，开放式基金年度相对业绩不具有显著持续性，因而投资者基于业绩的申购决策存在心理偏差，是非理性的。

7.1.4.2 赎回与基金相对绩效正相关，主要由短线操作的投资者所致

从赎回实证结果（方程三）可以看出，基金赎回与相对绩效正相关，基金投资者表现出明显的"异常赎回"：基金相对业绩越好，赎回越严重，业绩越差反而越持有。

进一步控制当年申购率影响后却发现，相对绩效对赎回的影响系数由正变负（方程四），而且赎回方程解释力显著增强（R-sq 由方程三的 0.35 增加到方程四的 0.87），由此可以推断"异常赎回"是由基金短线操作投资者所致，长期投资者赎回行为比较正常。

方程四申购率影响系数为 0.64，表明基金投资者换手率非常高，每年申

购总量平均 64% 会在当年内选择赎回。由影响系数可进一步推断我国基金投资者平均持有期为 1.57 年，远低于美国 1994～2000 年的 3.48 年（O'Neal，2004）。对此的解释是：

首先，"异常赎回"主要是投资者的处置效应所致。根据 DEA 的计算原理，相对效率高的基金，在风险、成本等不变的情况下，其净值收益率、份额净值等指标也相对较高，因而在基金相对绩效上升时，基金短线投资者倾向于获利了结，落袋为安。

其次，开放式基金赎回机制的固有缺陷也易诱发投资者的处置效应。如果开放式基金的良好业绩不能持续，在业绩卓著时，先赎回者会对同一基金的其他投资者施加负的外部性（李曜，2004）。

最后，国内基金公司赎回费率单一，对短期赎回不征收额外赎回费。由此，开放式基金的"友谊资金""捧场资金""套利资金"等短线投资者在业绩优良时立即赎回，无须承担额外的成本。而国外基金的费率结构是持有时间越短、赎回费率越高，短期赎回费率的制度安排有效地阻止了投资者短期内频繁进出基金。纳尼吉安等（Nanigian et al.，2008）发现美国基金公司近些年越来越普遍收取短期赎回费率。

7.1.4.3　净赎回与基金相对绩效负相关

实证结果表明，相对效率值对净赎回影响为负：相对效率越高的基金，其净投资流越多。至此，我们可以得到完整的基于相对绩效的基金 FPR：基金申购、赎回均与相对绩效正相关，由于申购对相对绩效更敏感，净赎回与相对绩效负相关。

净赎回与相对绩效负相关关系进一步说明，基金提高相对效率可以获得更多的净投资流，进而提高管理者收入。因而有利于激励开放式基金选用优秀基金经理、改进管理、提高投资效率，也有利于提高开放式基金业的资金配置效率。

7.1.4.4　大盘对申购、赎回、净赎回的影响

从表 7.4 结果可以看出，股市收益对申购、赎回、净赎回的作用并不显著；但是基金投资者对股市风险却非常敏感，股市风险越高，申购、赎回都显著增加，净赎回反而减少。

表 7.4　　　　　　　相对绩效对基金投资流影响的面板数据实证结果

变量	申购方程		赎回方程		净赎回方程	
	一	二	三	四	五	六
sgl				0.64 ***		
				(0.02)		
L1. shl		−0.39 **				
		(0.19)				
L2. shl		−3.39 **				
		(1.31)				
eff	3.66 ***	3.58 *	1.62 *	−0.82 **	−2.04 ***	−2.21 ***
	(1.23)	(1.88)	(0.90)	(0.34)	(0.57)	(0.74)
L. eff						0.31
						(0.75)
fenhong	−2.54	−1.18	−1.95	−0.15	0.60	0.63
	(2.23)	(2.82)	(1.63)	(0.68)	(1.04)	(1.17)
rm	0.13	0.77	0.16	0.08	0.03	−1.62
	(0.35)	(0.50)	(0.25)	(0.11)	(0.16)	(0.19)
σm	1.71 ***	−0.56	1.02 ***	−0.19	−0.69 ***	−0.12
	(0.48)	(1.06)	(0.35)	(0.15)	(0.22)	(0.20)
lnsize	2.22 ***	3.54 ***	0.93 ***	−0.33 ***	−1.29 ***	−0.17 ***
	(0.30)	(0.52)	(0.22)	(0.07)	(0.14)	(0.38)
comp				−0.01		
				(0.02)		
style				−0.18		
				(0.12)		
_cons	−53.14 ***	−71.07 ***	−22.72 ***	8.60 ***	30.42	35.42 ***
	(5.59)	(8.06)	(4.09)	(1.43)	(2.61)	(3.12)
R-sq	0.53	0.67	0.35	0.87	0.58	0.55
Wald 检验	37.4	22.5	17.2	1283	44.8	138
	(0.00)	(0.00)	(0.00)	(0.00)	(0.00)	(0.00)
Hausman 检验	55.6	62.6	25.2	6.4	56	49.2
	(0.00)	(0.00)	(0.00)	(0.38)	(0.00)	(0.00)
估计方法	固定效应	固定效应	固定效应	随机效应	固定效应	固定效应

注：变量与检验括号内数值分别表示标准差与概率值；*、**、*** 分别表示在 10%、5%、1% 水平下显著。

这可用资产替代（Massa，2008）与基金新老投资者反应方式不同
（Cashman et al.，2008）来解释：股市风险越高，基金分散风险的优势越发
凸显，众多股票投资者转而投资基金，因而基金申购增多；由于股市与基金
关联较强，随股市风险增加，基金老投资者处置效应增强；股市风险的前一
作用大于后者，因而基金净赎回与股市风险反而负相关。在控制短期投资者
影响后，发现影响系数由正变负而且不显著，因而可以推断，投资流对股市
风险的反应主要是由短线操作投资者所致。

7.1.4.5　申购、赎回与基金规模正相关，净赎回与规模负相关

方程一、方程二实证结果表明，基金规模越大申购率越多，但是控制短
期投资者影响后系数明显变大，由此可知，基金的长期投资者更倾向于选择
规模大的基金。

基金规模越大赎回率越高，但是控制短线交易投资者影响后系数变负，
说明基金短期的投资倾向于逃离规模大的基金，而长期投资者偏好于持有规
模大的基金。

国内投资者对资产规模的偏好与舒等（Shu et al.，2002）所发现的中国
台湾地区基金投资者偏好恰好相反：短线操作者大多数为小额投资者，偏好
大规模基金，而长线投资者喜欢选择小规模基金。方程五、方程六结果表明，
基金规模越大，基金净赎回越小，根据方程一、方程三可知，这是因为规模
对申购的促进作用大于对赎回的促进作用。

7.1.4.6　分红、基金风格、管理公司对投资流影响不显著

分红对投资流影响不显著。对此的解释是开放式基金每年分红次数较少，
而且实施分红一般不超过一周（权益登记、除息、派息、实施公告），在短
期内（月或季度）能吸引投资流，在长期（年度或以上）对投资流影响并不
明显。

基金风格对投资流也影响不显著。这是因为，虽然我国开放式基金名义
上具有股票型（或成长型）、稳健型、债券型三大风格，但实际上各基金风
格基本趋同，从实际资产配置来看，基本上都以股票为主，为偏股型基金。

基金管理公司对投资流也影响不显著，这可能是因为投资者对处于何家
基金管理公司并不感兴趣，而更为关注的是管理公司的具体特征，例如资产
规模、设立年数、收益水平等，这有待于进一步的研究。

7.2 基金年度相对业绩排名对投资流的影响

7.2.1 研究设计

对上节 DEA 投入结构中的加权平均净值（wnv）、净值（nv）、净值增长率（r）以及加权平均的净值增长率等基金业绩指标，根据各自每年基金业绩状况由大到小进行排序，分为高、中、低业绩三组，每组占样本数量的1/3。同样，分别对每年的投资流由大到小进行排序，分为三组。将各业绩指标 5 年或前 4 年的排序按照时间顺序组成一个 5 年或者 4 年有序数组（第一维为时间，第二维为业绩排名），同样组成投资流（申购率、赎回率、净赎回率）序列（5 年或者后 4 年）。考察各业绩排名序列对当期或下期投资流排名次序的影响。以非参数统计中的斯皮尔曼相关系数表征业绩排名对投资流排名的影响，以 stata10.0 软件进行估计。

7.2.2 实证结果分析

7.2.2.1 投资者申购与基金年度相对业绩排名正相关

从表 7.5 实证结果可以看出，基金投资者申购与业绩指标都在 1% 置信水平下显著正相关。投资者申购排名除与净值增长率排名显著正相关外，与当期净值增长率排名正相关。这表明基金投资者中存在部分短期投资者，对基金业绩信息反应较为敏感，能够根据当年基金业绩信息，及时地调整申购决策。

表 7.5　　　　　　　　基金业绩排名对投资流影响实证结果

	l. wnv	wnv	l. nv	nv	l. r	r	l. rw	rw
nsh	− 0.26 *	0.01	− 0.33 *	− 0.04	− 0.26 *	− 0.11	− 0.24 *	0.09
P 值	0	0.84	0	0.61	0	0.12	0	0.18
sgl	0.21 *	0.01	0.27 *	0.09	0.22 *	0.171 *	0.21 *	0

续表

	l. wnv	wnv	l. nv	nv	l. r	r	l. rw	rw
P 值	0.01	0.84	0	0.22	0	0.01	0.01	1
shl	0.1	0.04	0.1	0.04	0.13 *	0.04	0.12	0.06
P 值	0.21	0.61	0.21	0.61	0.08	0.61	0.13	0.41

注：＊表示 10% 以及以下水平显著。

7.2.2.2　赎回与历史业绩排名正相关，与当期排名无显著相关关系

由实证结果可以看出，投资者赎回与基金净值增长率历史排名显著正相关，与其他业绩指标无显著相关关系。这表明投资者具有处置效应，当基金业绩增长较快时或者净值较高时，投资者担心后市不再，急于将账面利益转变成现实收益，落袋为安。本书的结论不支持国外研究者"基金相对业绩排名关系对投资者赎回影响不大"的假定。基金净值增长率排名比净值增长率预测能力要强，而投资者赎回与基金净值增长率排名正相关（类似于处置效应），而与基金净值增长率负相关（第 5 章结论），足以见得投资者赎回非常不理性。

7.2.2.3　净赎回与基金历史业绩排名负相关

表 7.5 表明，投资者净赎回排名与基金历史业绩排名负相关，即基金业绩排名的提高可以降低投资者净赎回排名。对申购、赎回的进一步分析可知，这是因为投资者申购比赎回对基金业绩排名更敏感。

这与国外净赎回与基金业绩排名的结论相一致，但是在解释上，国外大多数文献认为只是申购起作用，赎回基本不对基金业绩作出反应，而本书发现投资者赎回也起到作用。

7.2.3　对偏股型基金 FPR 的进一步实证

通过表 7.6 与表 7.5 实证结果对比发现，偏股型投资者申购、赎回排名对基金加权平均净值、净值、净值增长率以及加权平均净值增长率等业绩指标排名都非常敏感，影响系数大且显著性高。而且，偏股型基金投资者申购、赎回不仅对滞后期业绩排名敏感，对当期业绩排名也非常敏感。投资者不仅偏好申购业绩排名靠前的基金，而且偏好赎回业绩排名靠前的基金。投资者在赎回时表现出处置效应。

表 7.6　　　　　　股票型开放式基金业绩排名对投资流影响实证结果

	l. wnv	wnv	l. nv	nv	l. r	r	l. rw	rw
nsh	− 0.31 *	− 0.14	− 0.27 *	− 0.13	− 0.237 *	− 0.19 *	− 0.28 *	− 0.01
p 值	0	0.13	0.01	0.17	0.02	0.04	0.01	0.89
sgl	0.33 *	0.26 *	0.31 *	0.19 *	0.34 *	0.24 *	0.31 *	0.19 *
p 值	0	0	0	0.04	0	0.01	0	0.04
shl	0.14	0.24 *	0.16	0.05	0.27 *	0.05	0.14	0.19 *
p 值	0.17	0.01	0.13	0.59	0.01	0.59	0.17	0.04

注：＊表示 10% 以及以下水平显著。

7.3　基金季度业绩排名对投资流的影响

7.3.1　研究设计

以偏股型开放式基金季度净值收益率、季度内平均周净值收益率、平均两周净值收益率、季度末单位份额净值为业绩指标，采用普通的面板数据方法（根据 hausman 检验确定固定效应或随机效应）实证业绩排名对投资流的影响。

7.3.2　实证结果分析

表 7.7 实证结果表明，开放式基金季度净赎回与基金季度收益率排名负相关，与季度内平均两周净值收益率排名也呈负相关关系。而申购与赎回都与基金滞后期、即期业绩排名正相关。基金净赎回之所以与业绩排名负相关，是因为申购、赎回都与基金业绩排名正相关，且申购比赎回对业绩排名更敏感。

基金投资者申购与基金相对业绩排名正相关，说明基金投资者偏好于利用基金短期业绩排名信息选择基金。与绝对业绩相比，基金相对业绩排名可以消除股市波动、政策、市场环境等因素的影响，也可以显著地降低搜寻成本。

表 7.7　　　**股票型开放式基金季度净值增长率排名对投资流影响**

项目	(1) nsh	(2) sgl	(3) shl	(4) sgl	(5) shl
L. sr1	-0.0053	-0.0183	-0.0238	0.0340	-0.0174
	(0.99)	(0.97)	(0.89)	(0.87)	(0.84)
sr1	-0.394	0.680	0.285	0.0465	0.0550
	(0.21)	(0.14)	(0.11)	(0.84)	(0.54)
L. r1	0.0771	-0.242	-0.165	0.124	-0.0828
	(0.92)	(0.82)	(0.69)	(0.82)	(0.69)
r1	3.531*	-5.592*	-2.062*	-1.021+	-0.164
	(0.00)	(0.00)	(0.00)	(0.09)	(0.48)
L. σ	2.892+	-5.361*	-2.472*	0.115	-0.651
	(0.05)	(0.01)	(0.00)	(0.92)	(0.13)
rf	141.1*	-173.3+	-32.29	-101.9*	26.58
	(0.04)	(0.07)	(0.40)	(0.04)	(0.16)
rm	-2.122*	3.659*	1.541*	0.249	0.296
	(0.01)	(0.00)	(0.00)	(0.66)	(0.19)
L. fenhong	-1.814*	3.473*	1.660*	-0.207	0.481*
	(0.00)	(0.00)	(0.00)	(0.64)	(0.00)
L. fhs	0.157	-0.200	-0.0430	-0.105	0.0250
	(0.44)	(0.50)	(0.71)	(0.48)	(0.67)
L. lnsize	-0.171+	0.0923	-0.0753	0.267*	-0.110*
	(0.06)	(0.49)	(0.15)	(0.00)	(0.00)
shl				2.218*	
				(0.00)	
sgl					0.339*
					(0.00)
_cons	2.411	-0.0743	2.267*	-5.258*	2.362*
	(0.22)	(0.98)	(0.05)	(0.00)	(0.00)
R^2	0.028	0.039	0.44	0.73	0.84
Wald	49.5	62.7	75.1	1090.1	1140.5
	(0.00)	(0.00)	(0.00)	(0.00)	(0.00)
N	288	288	288	288	288

注：括号内为 t 统计量伴随概率值，+ 表示 $p < 0.1$，* 表示 $p < 0.05$。

基金投资者赎回也与基金相对业绩排名正相关，说明国内基金投资者根据相对业绩实施处置效应是非常不理性的行为。从国外研究与美国开放式基金发展历史可知，基金投资者赎回时只关注自己基金账户余额以及基金净值，与基金相对其他基金业绩排名无关。关于预测基金经营管理能力或未来基金业绩，基金相对业绩比绝对业绩预测能力更强，因为相对业绩排名可以克服股市波动、政策、市场环境的影响。

由表 7.7 实证结果可以看出，偏股型开放式基金净赎回、赎回、申购都对基金季度历史业绩排名不敏感，而对即期业绩排名敏感。进一步分别在申购、赎回方程中将短期投资者因素消除以后，发现申购、赎回都不再对基金业绩排名敏感，这表明偏股型基金 FPR 主要由短线操作投资者所致。

7.4 对开放式基金 FPR 的进一步解释

7.4.1 对基金季度 FPR 的解释

综合第 6 章基金季度业绩的 FPR 结论可知，基金投资者对绝对业绩与相对业绩的反应恰好相反：净赎回与绝对业绩正相关，与相对业绩负相关；申购、赎回与绝对业绩负相关，而与相对业绩正相关。而且，基金净赎回与绝对业绩的变动呈凹性，而申购、赎回与绝对业绩的变动呈凸性。

为何会产生这种差异？根据标准金融理论与业绩持续性检验结果，本书可以对此进行较为一致的解释。基金季度绝对业绩无法持续而且显著反转，因而投资者申购与基金业绩负相关；基金相对业绩具有显著持续性，因而投资者申购与相对业绩正相关。由此可知，投资者申购对基金业绩的反应是理性的。基金季度绝对业绩无法持续而且显著反转，但是投资者赎回却与基金业绩负相关；基金相对业绩具有显著持续性，而投资者赎回却与基金相对业绩正相关（处置效应）。由此可知，投资者赎回对基金业绩反应是非理性反应。基金净赎回对基金业绩反应是理性反应，这是因为投资者基于业绩的申购行为是理性行为，而且投资者申购比赎回对基金业绩更加敏感，能抵补投资者非理性的赎回行为。

基金业绩不具有持续性而且显著反转，且业绩越差反转系数越大，因而投资者申购与基金业绩凸性负相关。这与国内林树等（2009）的观点一致。

开放式基金赎回与绝对业绩负相关且呈凸性，说明随基金业绩提高，投资者风险规避减弱。由于基金业绩越差越容易反转，因而投资者赎回对基金业绩的二阶反应具有一定合理性。

根据基金投资者申购、赎回与基金业绩的非线性关系与各自系数可以推断，基金净赎回与业绩之所以凹性正相关，是因为投资者申购、赎回都与基金业绩凸性负相关，而且投资者申购比赎回对基金业绩更敏感。

投资者能理性地根据基金业绩进行申购，而不能理性地进行赎回决策，这主要源于投资者申购、赎回决策动机与信息处理方式的差异。

在中国投资渠道狭窄的条件下，获取收益是投资者申购基金的主要动机。在申购基金前，投资者会广泛收集基金业绩信息，进行横向、纵向比较，对基金未来收益能力作出较为理性的判断。

而投资者赎回动机则非常复杂。当基金绝对业绩较差时，投资者可能会"以脚投票"选择赎回，表达自己对基金经理的不满；当基金绝对业绩较好时投资者可能因行为心理偏差选择赎回，及时获利了结（处置效应）；也有可能出于自身流动性需求不顾基金业绩好坏选择赎回。与投资者申购不同，投资者赎回时的信息处理方式非常不理性，一般仅关注所涉基金短期内的基金净值、账户余额等业绩变化，较少对基金较长时期业绩的信息进行横向、纵向的综合比较。

基金相对业绩指标可以避免市场波动、政策影响等系统风险影响，因而比绝对业绩指标更能反映基金管理者投资能力。基金相对业绩排名具有显著持续性，但是基金投资者却对相对业绩优秀的基金实施"处置效应"。基金绝对业绩不具有持续性而且显著反转，但基金投资者却未能对绝对业绩优秀的基金实施处置效应。这说明投资者赎回是非理性行为，不会合理利用信息。

7.4.2　对基金年度 FPR 的解释

开放式基金年度绝对业绩具有不显著持续性，基金年度 FPR 与季度 FPR 方向一致，但是都不显著。对此的解释是：基金季度绝对业绩不持续而且显著反转，在年度内好业绩与差业绩可能相互抵消，因而投资者对基金年度绝对业绩反应不敏感。

滞后期年度业绩排名与当年业绩排名不具有显著相关关系，但是基于年度相对业绩的基金 FPR 却非常显著，与季度基金 FPR 方向一致。对此的解释是：由于基金季度短期相对业绩具有持续性，在年度评价期内可能也具有一定持续性（尽管不一定显著）。年度投资流等于季度投资流之和，由于投资者申购、赎回对短期业绩反应显著，因而虽然年度相对业绩不具有持续性，投资流仍然对其非常敏感。

7.5　本章小结

本章考察了开放式基金相对绩效对投资者净赎回、申购、赎回的影响。应用年度数据分别考察了开放式基金 DEA 效率得分与年度业绩相对排名对投资流的影响，应用季度数据分别以非参数法与参数法考察了开放式基金季度业绩排名对投资流的影响。主要的研究结论如下。

（1）年度净赎回与基金 DEA 效率负相关，而年度申购、赎回与其显著正相关。申购、赎回都与基金相对绩效正相关，净赎回与基金相对绩效负相关，主要由短线操作的投资者所致。

（2）年度净赎回与年度基金净值增长率历史排名负相关，与当期排名具有不显著相关关系；投资者申购与基金年度相对业绩排名正相关；赎回与历史业绩排名正相关，与当期排名无显著相关关系。偏股型投资者净赎回与基金年度业绩排名负相关，申购、赎回排名均与基金业绩排名正相关，而且更为敏感，不仅对滞后期业绩排名敏感，对当期业绩排名也非常敏感。投资者申购、赎回对基金年度加权平均净值、净值、净值增长率以及加权平均净值增长率等业绩指标排名也非常敏感。

（3）基金季度净赎回与收益率排名负相关，申购与赎回都与基金滞后期、即期业绩排名正相关，基金净赎回之所以与业绩排名负相关，是因为申购比赎回对业绩排名更敏感。

偏股型开放式基金净赎回、赎回、申购都对基金季度历史业绩排名不敏感，而对即期业绩排名敏感，其中，净赎回与基金即期业绩排名显著负相关，申购、赎回都与基金业绩排名显著正相关。

（4）与第 6 章 FPR 实证结果比较可知：无论是年度评价期抑或是季度评价期，基金投资者净赎回与绝对业绩正相关，与相对业绩负相关；投资者申购、赎回与绝对业绩负相关，与相对业绩正相关。净赎回与绝对业绩正相关，具有"劣胜优汰"作用，与相对业绩负相关，对基金具有"优胜劣汰"作用。

开放式基金净赎回与绝对业绩之所以表现出"负反馈"关系，表面看来是因为投资者申购与相对业绩的正反馈关系所致，其更深层次原因则是基金绝对业绩无法持续而且显著反转。在基金业绩剧烈波动的市场环境中，投资者难以对基金长期业绩形成稳定预期，因而易于形成短期投资、投机以及风险规避心理，尽量回避高业绩与高净值的基金，如此即可给短线操作预留空间，也可以降低风险，防止申购即被套牢。

开放式基金净赎回与相对业绩之所以表现出"正反馈"关系，表面看来是因为投资者申购与相对业绩的正反馈关系所致，其更深层原因则是基金相对业绩排名具有显著的持续性，投资者由此相信基金投资管理能力的差异会稳定持续下去，历史业绩相对较高的基金会给其带来相对较高收益。

第8章 结论、建议与进一步研究

8.1 相关结论

从现有国内外理论文献来看，基金投资者之所以根据基金业绩进行申购、赎回决策，是因为基金业绩具有一定持续性，历史业绩包含着预测未来业绩的重要信息；投资者在面对复杂的不确定性环境时，无法完全理性决策，存在代表性偏差、框架效应、风险厌恶等心理偏差；基金业绩既是重要的信息来源，又是重要的评价标准。

在此基础上，本书以一个简单的理论模型刻画投资者基于基金业绩的申购决策行为，指出投资者申购与基金业绩的关系主要取决于开放式基金理性投资者比例、基金业绩的预测能力、基金业绩的信息源作用，以及非理性投资者的偏好与信息处理方式。此外，以行为金融前景理论模型刻画了基金投资者赎回决策，基金投资者赎回与业绩的关系主要取决于基金基本面价值与投资者主观风险报酬的比较、基金决策是处于盈利区还是亏损区。

根据上述理论，本书进一步检验了中国开放式基金的业绩持续性。检验结果表明，基金季度绝对业绩不具有持续性且显著反转，业绩越差反转越严重；基金季度相对业绩具有短期持续性。根据业绩持续性检验结果，本书对中国开放式基金 FPR 进一步进行了理论预测。

在此基础上，本书应用中国股票开放式基金型基金 2004～2009 年的面板数据，控制股市收益与风险、基金风险、分红、规模、风格等因素，对中国开放式基金 FPR 进行了多角度地实证，实证结果与理论预测相一致。无论是年度评价期抑或是季度评价期，基金净赎回与基金绝对业绩正相关，与基金相对业绩负相关；投资者申购、赎回与基金绝对业绩负相关，与基金相对业绩正相关，而且申购比赎回对基金业绩更敏感，短线操作投资者是其主要原因。实证结果稳健地适用各种业绩指标；剥离投资流影响后，结论依然成立。除此以外，本书还发现，经济阶段、基金风格、机构投资者或个人投资者对基金 FPR 也有重要影响。投资者"赎回异象"出现在 2006 年以后的牛市与熊市阶段，而 2006 年之前表现正常；"赎回异象"主要由个人投资者所致；在 2006 年后的牛市阶段主要由短期投资者所致，2007 年以后的熊市阶段主要由长期投资者所致。基金 FPR 存在非线性特征，净赎回与绝对业绩凹性正相关，而申购、赎回与绝对业绩凸性负相关。

从绝对业绩角度来看，国内开放式基金确实存在"异常净赎回"现象，但并非由投资者"异常赎回"或"处置效应"所致，而是由投资者"异常申购"所致①。从相对业绩角度来看，基金并不存在"异常净赎回"现象，投资者没有表现出"异常申购"，但表现出"异常赎回"或"处置效应"。

基金投资流与绝对业绩的非线性特征，与业绩持续性检验结果相一致。基金净赎回与绝对业绩的"异常净赎回"，与基金绝对业绩不具有持续性而且显著反转相一致；基金净赎回与相对业绩"正反馈"，与基金相对业绩具有持续性相一致。无论是针对绝对业绩还是相对业绩，投资者申购行为都是理性行为，而投资者赎回行为都是非理性行为。

基金净赎回与绝对业绩表现出"异常净赎回"，表面看来是由"异常申购"所致，其更深层次原因则是基金绝对业绩不具有持续性而且显著反转。在基金业绩剧烈波动的市场环境中，投资者难以对基金长期业绩形成稳定预期，因而易于形成短期投资、投机以及风险规避心理，尽量回避高业绩与高净值的基金，如此即可给短线操作预留空间，也可以降低风险，防止申购即被套牢。

开放式基金净赎回与相对业绩之所以表现出"正反馈"关系，表面看来是因为投资者申购与相对业绩的正反馈关系所致，其更深层原因则是基金相对业绩排名具有显著的持续性。投资者由此相信基金投资管理能力的差异会稳定持续下去，历史业绩相对较高的基金能带来相对较高的收益。

投资者根据基金季度业绩进行的申购行为可以带来相对较高的收益，具

---

① 这是因为申购、赎回都与基金业绩正相关，而且申购比赎回对基金业绩更敏感。

有"聪明钱"效应；而投资者基于业绩的赎回行为，会招致相对更多损失。由于基金年度业绩排名不具有持续性，投资者申购、赎回与年度相对业绩排名正相关，因而投资者申购、赎回是无信息投资，难以判断其申购、赎回行为是否带来收益或损失。

8.2 政策建议

基于本书结论，我们提出以下建议。

（1）基金净赎回对基金业绩有正的贡献，说明基金公司规模不经济。要发挥开放式基金投资流的威慑作用，必须将基金管理者收入与基金业绩统一起来，改变基金公司当前按照固定比例提取管理费的做法，使基金管理费与业绩挂钩，从制度上降低基金公司追求规模的激励。此外，基金净赎回对业绩影响为正，说明基金公司可能存在"流动性过剩"，基金公司有待于采取更积极的投资策略，充分利用其流动性，提高基金盈利水平。基金业绩与赎回存在双向的格兰杰因果关系，但其变动方向与我们经验判断相反，同时基金业绩与净赎回都不具有持续性。说明国内基金业的各种基本关系非常无序，需要基金公司从功能定位、机制设计、投资策略、投资风格等各方面进行反思、调整，以理顺基金与投资者之间互相制约、互相激励的关系，形成稳定预期，取得长期良性发展。

（2）投资者申购是理性行为，其基于绝对业绩的"异常申购"关系，是因为基金绝对业绩显著反转。为了抑制投资者的"异常申购"，基金公司有必要制定长期策略，保持投资风格与业绩的持续性。此外，基金相对业绩具有持续性，而绝对业绩显著反转，说明基金投资能力确实存在差异，但股市变动、政府政策等系统因素可能是绝对业绩反转的主要原因。因此，政府须努力稳定资本市场发展，防止股市大起大落，早日推出股指期货等衍生工具，增强基金经理规避股市大盘风险能力，保持基金业绩的稳定与持续。

（3）投资者基于基金业绩的赎回行为是非理性行为。首先，基金须加强信息披露，建立科学、多层次的基金业绩排名体系，建议将基金 DEA 业绩排名、净值收益率排名、净值排名、业绩持续性指标等各种指标纳入业绩评价体系中，改善咨询服务，降低投资者参与成本。其次，为了抑制"异常赎回"，可以参照美国的做法，设置短期赎回费率（持有时间越短，赎回费率越高），以抑制基金投资者的处置效应，抑制基金投资者频繁进出基金的套利行为。在业绩优良时，可以考虑设置临时赎回封闭期或期权式承诺，以稳住老投资者。也可以考虑限制大额申购，防止其摊薄老投资者收益。最后，须加强投资者培训与教育，建立其对基金公司业绩持续性的信心，弱化其风险厌恶趋向，逐步培养投资者长期投资的理念。

（4）根据美国开放式基金发展经验，国内开放式基金须开辟稳定的新资金来源，完善基金投资者结构，对大额资金基金投资者可以考虑从投资人才、投资目标、赎回、申购费率或个性化服务等方面进行优惠。

政府与基金公司须创造各种有利条件鼓励社保基金、保险公司、企业年金和合格境外机构投资者（QFII）等机构投资者持有开放式基金，扩大机构投资者在基金投资者中的比重，增强开放式基金投资者的理性能力。总体而言，可以考虑从金融创新与开发新业务两个方面着手。

第一，国内开放式基金同质化现象非常严重，须加大产品创新。基金管理公司可以在股票基金内部开发行业基金、风格基金和主题基金，在债券内部根据期限与久期不同开发不同的债券基金。可以利用资本市场推出股指期货的契机，积极投资于股指期货，防范股市波动带来的风险。还可以考虑开发国际股票基金、国际债券基金、新兴市场基金等，分享国际资本市场收益。除此以外，可以考虑开发对冲基金，利用对冲基金的优势直接参与高风险高收益的投资，将高风险偏好投资者分流出来。

第二，开发新的业务，服务于不同投资需求资金账户，提高核心竞争力。首先，专户理财产品①还须进一步创新，量身定制，努力适应投资者需要。吸引现有存量资金进行结构转移，进一步完善投资者结构。其次，进一步完善养老保险基金②资产管理业务。养老保险、企业年金与商业养老保险并重的养老保险体系，其资金具有长期性与稳定性的优点。最后，开展 QDII 业务③，可以使基金管理公司在全球资产配置中降低投资组合风险，规避因投

---

① 我国专户理财产品投资者需求在 2008 年刚推出时全年仅有 40 亿元，随着 2009 年降低门槛将开户资金由 5000 万元改为 100 万元，将"一对一"业务转变为"一对多"业务，每月对专户理财产品需求已达到 15 亿元。

② 世界银行预测，到 2030 年我国企业年金市场将成为世界第三大市场，达到 1.8 万亿元。美国基金业的发展表明，养老保险体系资金是开放式基金的重要来源。

③ 2006 年，中国人民银行允许符合条件的银行、基金公司、保险公司采取各种的方式，集合境内外汇资金或购买外汇进行境外投资活动。

资单一国家而带来的系统风险，提高基金业绩。

（5）完善基金治理结构与治理水平，加强对基金投资者的保护，严格惩罚基金管理公司的"利益输送""老鼠仓"等侵害基金投资者的行为。

我国 2000 年爆发的"基金黑幕"说明基金目前的治理结构①需要进一步完善。对我国开放式基金而言，应优先考虑以下措施。

首先，进一步明确独立董事的责任。继续贯彻我国证券投资基金法规定的"基金管理公司独立董事只能在一家基金管理公司任职"，并进一步确认独立董事的职责。

其次，完善信息披露机制②。我国开放式基金在基金份额变动、分红、管理费用、托管费用、销售费用等信息都不能及时披露，争取提供年度、半年度或季度乃至于月度信息披露。除此以外，考虑到投资者的信息能力有限，应该及时公布基金多层次的信息排名，采用多种方法、多个度量指标。

最后，要进一步完善基金持有人制度，增强其操作性。我国基金持有人制度担负重任，但操作性不强，常常形同虚设。这是因为我国基金是契约型基金，没有自身的董事会。在条件成熟时，可以改将基金改为公司型基金。

（6）拓展销售渠道，努力实现销售渠道多元化，降低销售成本。我国开放式基金现在主要依赖四大商业银行遍布全国的分支机构，由于基金产品的同质性，商业银行通常根据与基金公司的关系来决定该销售基金产品。销售渠道过于狭窄是制约我国开放式基金发展的重要因素，基金应大力拓展销售渠道，包括证券投资咨询机构、保险公司、证券交易所、专业基金销售机构、养老金计划等非传统销售渠道。同时要积极为网上交易基金创造良好条件。除此以外，基金应该把资源与精力集中在投资研究等核心任务，把基金销售、后台服务任务外包出去。

（7）开放式基金须合理定位，应定位于长期投资而不是短期投机，定位于基金资金管理员，而不是基金促销员。

---

① 美国基金业发展表明，当投资者的利益有效受到法律保护时，基金投资者才敢于将资金委托给基金管理者。

② 美国基金丑闻发生以后，美国监管当局要求基金进一步加强对基金管理人、基金经理薪酬构成的信息披露，加强了基金费用与投资工具的信息披露。欧盟也要求基金经理披露基金投资策略、风险管理、定期报告等信息。

国内开放式基金应吸取美国基金业的经验与教训①，给基金进行科学定位。基金须树立长期投资理念，减少投资组合换手率，尽量追求长期基本面价值，避免短期、频繁的资产置换。基金为投资者创造收益的来源主要是降低投资组合成本、降低销售成本、降低换手率、减少错误的投资决策，通过频繁地选股、选时，期冀战胜市场，是非理性的。

（8）努力整合资源，不断提升基金品牌。基金管理公司可以考虑与银行机构合作或大型国企合作。随着国家法律壁垒的减少，银行、保险、证券公司等传统金融机构可以收购基金公司，构造多样化经营的平台，整合资产管理业务，实现长期目标。基金还可以实现行业内并购与整合，达到强强联合、优势互补的目的，或者强弱联合、优劣联合，在市场营销、投资研究、人才队伍、客户服务等方面提升自己的竞争力。

（9）监管部门适度控制基金数量的增长，防止基金竞争过度。适当的竞争可以促使基金管理公司和基金投资者更加关注短期收益，促使资金流动到那些长期业绩优秀而且稳定的基金，惩罚那些业绩低劣的基金。而过度竞争压力会促使基金经理在季度末或排名期前选择风险高的投资组合，会带来许多负面问题，如投资流不稳定、流动性成本加大、交易成本增加等。

因此，监管部门有待于从投资流视角，宏观上理顺股市与基金市、新发行基金与老基金的关系，适当地控制新基金发行数量与规模。按照基金市场资金整体供求状况，降低基金新发行速度、数量与规模，防止滥发新基金引发基金业的恶性竞争。

8.3　进一步研究

（1）关于开放式基金投资者的行为，本书主要考察了基金业绩如何影响投资者的申购、赎回决策，其他因素如"明星基金经理""广告""基金管理

---

①　美国的基金业发展经验表明，在 20 世纪 40 年代与 20 世纪 60 年代之间，基金经理一直充当基金投资者的管家，注重长期投资，因而投资者换手率低。而 20 世纪 80 年代尤其是 20 世纪 90 年代以后，基金管理者开始狂热追求管理收入，以销售基金份额扩大管理规模为目标，倾向于提高短期收益以吸引投资者，结果基金投资组合换手率提高，投资者换手率提高，基金支出比提高，投资者收益降低。美国的经验还表明，股票型基金业绩接近于股票市场平均水平，但是随着换手率的提高与市场竞争加剧，基金业绩下滑。

公司"等可能也是重要的影响因素，因而下一个值得研究的方向是，采取问卷调查等其他方法，研究基金业绩以外的其他因素如何影响投资者的申购、赎回决策。

（2）标准金融理论与基金业绩持续性是开放式基金 FPR 的重要理论基础，但是相关文献较少，而且在样本量、样本区间、检验方法都存在诸多不足，因而应用新的方法、更大的样本检验基金业绩持续性是另一个值得研究的方向。

（3）限于数据的可得性，本书对投资者申购、赎回的相对绩效分析只能限于年度、半年度与季度数据，无法进一步扩展到月度以及更短时期，而且申购赎回都是总量数据，无法消除异质投资者的影响。本书只考察了基金机构投资者与个人投资者账户总量净赎回与业绩的变动关系，无法进一步考察申购、赎回与业绩的变动。因而另一个有意义的研究是，采用更短持有期如月度或两周数据，或者搜集与跟踪基金所有投资者账户数据并根据持有期、交易量、换手率进行分类，进一步研究基金各种投资者的行为。

（4）由于短线操作投资者的影响，本书相关计量模型可能存在一定的内生性问题。如果数据可以获得，应用基金不同投资者账户数据按照持有期与换手率分类是解决问题的较好举措。此外，还可考虑采用更先进的计量实证方法进行进一步研究。

总之，开放式基金 FPR 是影响其健康、持续发展的重要激励机制，是一个非常值得研究的课题，需要从理论、问卷调查、计量实证方法等各个角度进行进一步研究。

附录 中国开放式基金 2004～2009 年投资流与业绩主要季度数据

id	time	nsh	sgl	shl	rm	σm	σ	r
1	1	0.01	0.09	0.10	0.03	0.12	0.09	0.05
1	2	−0.03	0.16	0.13	−0.10	0.09	0.07	−0.05
1	3	−0.32	0.50	0.18	−0.06	0.10	0.06	−0.03
1	4	0.06	0.12	0.18	−0.07	0.14	0.12	−0.06
1	5	0.09	0.12	0.21	0.04	0.10	0.06	0.04
1	6	0.25	0.15	0.41	0.01	0.07	0.05	0.00
1	7	−5.86	8.97	3.11	0.15	0.07	0.07	0.14
1	8	0.12	0.10	0.22	0.31	0.13	0.16	0.26
1	9	0.05	0.05	0.09	0.01	0.11	0.10	−0.05
1	10	0.17	0.07	0.24	0.45	0.11	0.11	0.33
1	11	0.10	0.08	0.19	0.36	0.19	0.40	−0.34
1	12	0.04	0.00	0.04	0.35	0.20	0.15	0.38
1	13	0.01	0.05	0.07	0.48	0.17	0.12	0.39
1	14	0.12	0.02	0.15	−0.04	0.16	0.12	−0.01
1	15	0.08	0.03	0.11	−0.29	0.22	0.28	−0.36
1	16	0.11	0.07	0.18	−0.26	0.26	0.18	−0.14
1	17	−0.04	0.13	0.09	−0.20	0.24	0.14	−0.15
1	18	0.01	0.06	0.07	−0.19	0.24	0.17	−0.10
1	19	−0.01	0.25	0.24	0.38	0.18	0.13	0.23
40001	1	0.01	0.01	0.02	0.03	0.12	0.08	0.06
40001	2	0.02	0.02	0.04	−0.10	0.09	0.07	−0.04
40001	3	0.05	0.00	0.05	−0.06	0.10	0.07	0.02

续表

id	time	nsh	sgl	shl	rm	σm	σ	r
40001	4	− 14. 84	15. 44	0. 60	− 0. 07	0. 14	0. 15	− 0. 04
40001	5	− 0. 10	0. 26	0. 15	0. 04	0. 10	0. 06	0. 04
40001	6	0. 18	0. 06	0. 24	0. 01	0. 07	0. 05	0. 03
40001	7	0. 10	0. 03	0. 13	0. 15	0. 07	0. 06	0. 16
40001	8	0. 36	0. 06	0. 42	0. 31	0. 13	0. 14	0. 24
40001	9	0. 15	0. 02	0. 18	0. 01	0. 11	0. 09	0. 04
40001	10	0. 12	0. 45	0. 57	0. 45	0. 11	0. 11	0. 33
40001	11	0. 00	0. 18	0. 18	0. 36	0. 19	0. 12	0. 20
40001	12	− 0. 01	0. 07	0. 06	0. 35	0. 20	0. 17	0. 36
40001	13	0. 07	0. 03	0. 10	0. 48	0. 17	0. 13	0. 34
40001	14	0. 01	0. 08	0. 09	− 0. 04	0. 16	0. 77	− 0. 77
40001	15	− 0. 03	0. 17	0. 14	− 0. 29	0. 22	0. 10	− 0. 15
40001	16	0. 02	0. 05	0. 07	− 0. 26	0. 26	0. 14	− 0. 20
40001	17	− 0. 01	0. 07	0. 06	− 0. 20	0. 24	0. 10	− 0. 12
40001	18	− 0. 07	0. 14	0. 07	− 0. 19	0. 24	0. 14	− 0. 08
40001	19	0. 17	0. 03	0. 20	0. 38	0. 18	0. 11	0. 16
50004	1	− 0. 03	0. 08	0. 06	0. 03	0. 12	0. 08	0. 02
50004	2	0. 02	0. 07	0. 09	− 0. 10	0. 09	0. 06	− 0. 03
50004	3	0. 13	0. 04	0. 17	− 0. 06	0. 10	0. 07	− 0. 01
50004	4	0. 03	0. 04	0. 07	− 0. 07	0. 14	0. 10	− 0. 04
50004	5	0. 06	0. 02	0. 08	0. 04	0. 10	0. 07	0. 03
50004	6	0. 02	0. 02	0. 04	0. 01	0. 07	0. 05	0. 01
50004	7	0. 37	0. 00	0. 37	0. 15	0. 07	0. 05	0. 12
50004	8	0. 30	0. 09	0. 39	0. 31	0. 13	0. 09	0. 31
50004	9	0. 04	0. 10	0. 15	0. 01	0. 11	0. 08	0. 04
50004	10	0. 20	0. 02	0. 21	0. 45	0. 11	0. 12	0. 35
50004	11	− 6. 87	8. 13	1. 26	0. 36	0. 19	0. 55	− 0. 48
50004	12	0. 13	0. 31	0. 45	0. 35	0. 20	0. 14	0. 38
50004	13	− 0. 10	0. 37	0. 27	0. 48	0. 17	0. 11	0. 51
50004	14	− 0. 12	0. 35	0. 23	− 0. 04	0. 16	0. 14	− 0. 01
50004	15	0. 04	0. 12	0. 16	− 0. 29	0. 22	0. 12	− 0. 24

续表

id	time	nsh	sgl	shl	rm	σm	σ	r
50004	16	0.09	0.03	0.12	-0.26	0.26	0.17	-0.16
50004	17	0.05	0.02	0.07	-0.20	0.24	0.15	-0.16
50004	18	0.04	0.02	0.05	-0.19	0.24	0.19	-0.10
50004	19	0.04	0.02	0.06	0.38	0.18	0.15	0.20
70003	1	0.06	0.01	0.07	0.03	0.12	0.07	0.06
70003	2	0.04	0.04	0.08	-0.10	0.09	0.06	-0.05
70003	3	0.12	0.06	0.19	-0.06	0.10	0.05	0.01
70003	4	0.09	0.17	0.26	-0.07	0.14	0.11	-0.03
70003	5	-0.81	1.16	0.35	0.04	0.10	0.05	0.03
70003	6	-7.16	7.68	0.52	0.01	0.07	0.04	0.01
70003	7	0.56	0.10	0.65	0.15	0.07	0.07	0.13
70003	8	-9.48	11.98	2.50	0.31	0.13	0.10	0.21
70003	9	0.13	0.05	0.18	0.01	0.11	0.07	0.03
70003	10	0.11	0.22	0.34	0.45	0.11	0.35	-0.11
70003	11	0.29	0.17	0.47	0.36	0.19	0.12	0.16
70003	12	0.12	0.01	0.14	0.35	0.20	0.56	-0.34
70003	13	-0.10	0.12	0.02	0.48	0.17	0.12	0.47
70003	14	0.11	0.02	0.13	-0.04	0.16	0.12	-0.06
70003	15	0.01	0.00	0.01	-0.29	0.22	0.12	-0.18
70003	16	0.05	0.08	0.13	-0.26	0.26	0.17	-0.15
70003	17	0.07	0.14	0.21	-0.20	0.24	0.13	-0.20
70003	18	-0.06	0.11	0.05	-0.19	0.24	0.16	-0.13
70003	19	-0.10	0.33	0.23	0.38	0.18	0.13	0.14
110002	1	0.02	0.17	0.18	0.03	0.12	0.09	0.07
110002	2	0.25	0.11	0.37	-0.10	0.09	0.07	-0.03
110002	3	0.10	0.17	0.26	-0.06	0.10	0.07	0.08
110002	4	-0.42	0.75	0.33	-0.07	0.14	0.13	-0.06
110002	5	-0.24	0.54	0.30	0.04	0.10	0.05	0.04
110002	6	-0.03	0.23	0.19	0.01	0.07	0.06	0.02
110002	7	0.15	0.40	0.55	0.15	0.07	0.09	0.20
110002	8	-0.15	0.81	0.66	0.31	0.13	0.15	0.39

id	time	nsh	sgl	shl	rm	σm	σ	r
110002	9	0.15	0.23	0.38	0.01	0.11	0.13	−0.06
110002	10	0.16	0.51	0.67	0.45	0.11	0.13	0.41
110002	11	−0.43	1.24	0.81	0.36	0.19	0.16	0.18
110002	12	−0.03	0.67	0.64	0.35	0.20	0.19	0.35
110002	13	−0.23	0.61	0.39	0.48	0.17	0.16	0.42
110002	14	−0.03	0.29	0.26	−0.04	0.16	0.15	−0.06
110002	15	0.10	0.14	0.24	−0.29	0.22	0.15	−0.22
110002	16	0.13	0.08	0.20	−0.26	0.26	0.19	−0.20
110002	17	0.06	0.08	0.14	−0.20	0.24	0.15	−0.12
110002	18	0.10	0.05	0.15	−0.19	0.24	0.15	−0.06
110002	19	0.04	0.06	0.11	0.38	0.18	0.13	0.18
162201	1	0.01	0.16	0.17	0.03	0.12	0.08	0.04
162201	2	0.10	0.09	0.19	−0.10	0.09	0.08	−0.04
162201	3	−0.19	0.33	0.15	−0.06	0.10	0.05	−0.01
162201	4	0.06	0.05	0.11	−0.07	0.14	0.11	−0.03
162201	5	0.01	0.25	0.26	0.04	0.10	0.06	0.11
162201	6	−0.22	0.55	0.33	0.01	0.07	0.06	−0.01
162201	7	0.08	0.27	0.35	0.15	0.07	0.11	0.08
162201	8	0.21	0.38	0.59	0.31	0.13	0.11	0.32
162201	9	0.05	0.14	0.19	0.01	0.11	0.10	0.07
162201	10	0.15	0.18	0.33	0.45	0.11	0.10	0.14
162201	11	−2.63	5.19	2.56	0.36	0.19	0.40	−0.31
162201	12	0.39	0.13	0.52	0.35	0.20	0.14	0.28
162201	13	0.20	0.10	0.30	0.48	0.17	0.12	0.29
162201	14	0.09	0.09	0.18	−0.04	0.16	0.11	0.02
162201	15	−0.46	0.67	0.22	−0.29	0.22	0.13	−0.16
162201	16	−0.02	0.13	0.11	−0.26	0.26	0.18	−0.12
162201	17	−0.15	0.59	0.43	−0.20	0.24	0.18	−0.25
162201	18	−0.52	1.41	0.89	−0.19	0.24	0.36	−0.36
162201	19	0.03	0.40	0.43	0.38	0.18	0.10	0.14
162202	1	0.09	0.07	0.16	0.03	0.12	0.10	0.06

续表

id	time	nsh	sgl	shl	rm	σm	σ	r
162202	2	0.11	0.07	0.18	−0.10	0.09	0.07	−0.02
162202	3	−0.01	0.32	0.31	−0.06	0.10	0.08	−0.01
162202	4	0.08	0.17	0.25	−0.07	0.14	0.14	−0.06
162202	5	0.06	0.03	0.09	0.04	0.10	0.07	0.07
162202	6	−0.09	0.19	0.10	0.01	0.07	0.05	0.01
162202	7	0.22	0.04	0.26	0.15	0.07	0.12	0.16
162202	8	0.06	0.35	0.41	0.31	0.13	0.15	0.34
162202	9	0.17	0.04	0.21	0.01	0.11	0.09	0.06
162202	10	0.29	0.09	0.38	0.45	0.11	0.13	0.38
162202	11	−10.18	22.44	12.27	0.36	0.19	0.53	−0.53
162202	12	0.41	0.09	0.50	0.35	0.20	0.16	0.35
162202	13	0.11	0.14	0.25	0.48	0.17	0.14	0.43
162202	14	−0.02	0.22	0.20	−0.04	0.16	0.13	−0.06
162202	15	0.25	0.05	0.30	−0.29	0.22	0.12	−0.16
162202	16	0.08	0.18	0.26	−0.26	0.26	0.15	−0.15
162202	17	0.14	0.01	0.15	−0.20	0.24	0.14	−0.15
162202	18	−0.76	3.71	2.95	−0.19	0.24	0.47	−0.44
162202	19	−0.11	0.37	0.26	0.38	0.18	0.10	0.23
162203	1	0.08	0.09	0.17	0.03	0.12	0.08	0.06
162203	2	0.15	0.09	0.23	−0.10	0.09	0.06	−0.05
162203	3	0.05	0.01	0.06	−0.06	0.10	0.07	0.00
162203	4	0.03	0.18	0.20	−0.07	0.14	0.12	0.01
162203	5	0.20	0.10	0.30	0.04	0.10	0.06	0.03
162203	6	0.21	0.03	0.23	0.01	0.07	0.06	−0.01
162203	7	−0.06	0.20	0.14	0.15	0.07	0.09	0.08
162203	8	0.23	0.09	0.31	0.31	0.13	0.12	0.40
162203	9	0.11	0.08	0.19	0.01	0.11	0.06	0.05
162203	10	0.18	0.15	0.33	0.45	0.11	0.12	0.41
162203	11	−8.86	15.22	6.36	0.36	0.19	0.51	−0.55
162203	12	0.39	0.13	0.53	0.35	0.20	0.11	0.26
162203	13	0.34	0.03	0.37	0.48	0.17	0.12	0.28

id	time	nsh	sgl	shl	rm	σm	σ	r
162203	14	0.21	0.02	0.23	-0.04	0.16	0.11	0.00
162203	15	0.15	0.03	0.18	-0.29	0.22	0.11	-0.21
162203	16	0.08	0.02	0.10	-0.26	0.26	0.15	-0.16
162203	17	-0.26	0.38	0.12	-0.20	0.24	0.12	-0.09
162203	18	-0.59	3.37	2.78	-0.19	0.24	0.49	-0.52
162203	19	0.19	0.20	0.39	0.38	0.18	0.13	0.14
162204	1	-0.02	0.15	0.13	0.03	0.12	0.05	0.02
162204	2	0.05	0.15	0.20	-0.10	0.09	0.06	-0.03
162204	3	0.07	0.20	0.27	-0.06	0.10	0.06	0.02
162204	4	-0.12	0.34	0.22	-0.07	0.14	0.13	-0.03
162204	5	0.28	0.04	0.32	0.04	0.10	0.06	0.06
162204	6	0.09	0.03	0.12	0.01	0.07	0.06	0.00
162204	7	0.14	0.22	0.36	0.15	0.07	0.12	0.15
162204	8	-0.11	0.49	0.39	0.31	0.13	0.18	0.40
162204	9	0.11	0.06	0.17	0.01	0.11	0.10	0.05
162204	10	0.03	0.27	0.29	0.45	0.11	0.16	0.46
162204	11	0.06	0.31	0.37	0.36	0.19	0.17	0.12
162204	12	0.11	0.25	0.36	0.35	0.20	0.16	0.39
162204	13	-0.37	0.59	0.22	0.48	0.17	0.17	0.50
162204	14	0.02	0.24	0.25	-0.04	0.16	0.15	-0.06
162204	15	0.07	0.10	0.17	-0.29	0.22	0.13	-0.23
162204	16	0.04	0.10	0.14	-0.26	0.26	0.17	-0.18
162204	17	0.04	0.07	0.11	-0.20	0.24	0.14	-0.16
162204	18	0.00	0.07	0.07	-0.19	0.24	0.17	-0.05
162204	19	-0.12	0.25	0.13	0.38	0.18	0.14	0.26
202001	1	0.05	0.06	0.11	0.03	0.12	0.09	0.08
202001	2	0.07	0.05	0.12	-0.10	0.09	0.09	-0.09
202001	3	0.10	0.05	0.15	-0.06	0.10	0.06	0.04
202001	4	0.12	0.07	0.19	-0.07	0.14	0.13	-0.07
202001	5	0.20	0.06	0.26	0.04	0.10	0.06	0.05
202001	6	0.03	0.51	0.55	0.01	0.07	0.04	0.02

id	time	nsh	sgl	shl	rm	σm	σ	r
202001	7	-10.66	13.18	2.52	0.15	0.07	0.07	0.01
202001	8	0.30	0.05	0.36	0.31	0.13	0.18	0.47
202001	9	-0.01	0.06	0.05	0.01	0.11	0.12	-0.04
202001	10	0.18	0.11	0.29	0.45	0.11	0.14	0.34
202001	11	0.28	0.04	0.33	0.36	0.19	0.56	-0.45
202001	12	-0.19	0.30	0.11	0.35	0.20	0.17	0.15
202001	13	0.14	0.06	0.20	0.48	0.17	0.11	0.40
202001	14	0.05	0.15	0.20	-0.04	0.16	0.13	-0.03
202001	15	0.06	0.07	0.13	-0.29	0.22	0.14	-0.23
202001	16	0.07	0.16	0.23	-0.26	0.26	0.13	-0.21
202001	17	0.04	0.18	0.22	-0.20	0.24	0.17	-0.16
202001	18	-0.14	0.18	0.04	-0.19	0.24	0.16	-0.12
202001	19	-0.31	0.43	0.12	0.38	0.18	0.15	0.16
210001	1	0.03	0.01	0.03	0.03	0.12	0.08	0.03
210001	2	0.04	0.03	0.07	-0.10	0.09	0.08	-0.05
210001	3	-0.48	0.67	0.19	-0.06	0.10	0.07	-0.02
210001	4	-1.18	1.51	0.33	-0.07	0.14	0.11	-0.12
210001	5	0.42	0.07	0.49	0.04	0.10	0.07	0.02
210001	6	-15.98	28.38	12.40	0.01	0.07	0.05	0.02
210001	7	-1.03	2.22	1.20	0.15	0.07	0.06	0.13
210001	8	0.39	0.02	0.41	0.31	0.13	0.13	0.21
210001	9	0.25	0.07	0.32	0.01	0.11	0.08	0.06
210001	10	0.61	0.11	0.72	0.45	0.11	0.09	0.20
210001	11	0.30	0.01	0.31	0.36	0.19	0.10	0.40
210001	12	0.07	0.00	0.07	0.35	0.20	0.52	-0.39
210001	13	0.08	0.02	0.09	0.48	0.17	0.10	0.39
210001	14	0.01	0.01	0.02	-0.04	0.16	0.40	-0.35
210001	15	0.01	0.01	0.02	-0.29	0.22	0.14	-0.26
210001	16	0.03	0.01	0.04	-0.26	0.26	0.20	-0.18
210001	17	0.00	0.01	0.02	-0.20	0.24	0.18	-0.18
210001	18	0.02	0.05	0.07	-0.19	0.24	0.20	-0.09

id	time	nsh	sgl	shl	rm	σm	σ	r
210001	19	0.38	0.02	0.40	0.38	0.18	0.14	0.21
213001	1	0.04	0.01	0.04	0.03	0.12	0.09	0.04
213001	2	0.03	0.04	0.07	-0.10	0.09	0.08	-0.05
213001	3	-0.36	0.59	0.23	-0.06	0.10	0.07	-0.03
213001	4	0.13	0.15	0.28	-0.07	0.14	0.12	-0.07
213001	5	0.22	0.23	0.45	0.04	0.10	0.06	0.05
213001	6	-2.48	3.20	0.72	0.01	0.07	0.06	0.01
213001	7	-3.18	4.36	1.18	0.15	0.07	0.12	0.22
213001	8	0.13	0.33	0.46	0.31	0.13	0.14	0.34
213001	9	-0.10	0.41	0.31	0.01	0.11	0.09	0.01
213001	10	0.58	0.12	0.69	0.45	0.11	0.11	0.39
213001	11	0.27	0.12	0.39	0.36	0.19	0.52	-0.42
213001	12	0.20	0.02	0.21	0.35	0.20	0.36	-0.08
213001	13	0.04	0.03	0.07	0.48	0.17	0.12	0.39
213001	14	0.10	0.10	0.20	-0.04	0.16	0.15	-0.06
213001	15	0.10	0.02	0.12	-0.29	0.22	0.29	-0.40
213001	16	-0.02	0.04	0.03	-0.26	0.26	0.14	-0.17
213001	17	-0.02	0.03	0.01	-0.20	0.24	0.12	-0.14
213001	18	-0.09	0.10	0.02	-0.19	0.24	0.12	-0.10
213001	19	-0.06	0.23	0.18	0.38	0.18	0.10	0.15
217001	1	0.02	0.13	0.15	0.03	0.12	0.08	0.07
217001	2	0.11	0.07	0.18	-0.10	0.09	0.07	-0.06
217001	3	-0.07	0.26	0.18	-0.06	0.10	0.06	0.00
217001	4	-2.68	2.98	0.30	-0.07	0.14	0.12	-0.05
217001	5	0.07	0.08	0.15	0.04	0.10	0.05	0.06
217001	6	0.19	0.31	0.50	0.01	0.07	0.04	-0.01
217001	7	0.04	0.11	0.15	0.15	0.07	0.07	0.10
217001	8	0.28	0.12	0.40	0.31	0.13	0.14	0.28
217001	9	0.11	0.07	0.17	0.01	0.11	0.08	0.03
217001	10	0.14	0.23	0.37	0.45	0.11	0.11	0.33
217001	11	0.35	0.03	0.38	0.36	0.19	0.12	0.22

续表

id	time	nsh	sgl	shl	rm	σm	σ	r
217001	12	−0.02	0.12	0.10	0.35	0.20	0.28	−0.04
217001	13	0.13	0.09	0.21	0.48	0.17	0.12	0.33
217001	14	0.10	0.15	0.25	−0.04	0.16	0.63	−0.65
217001	15	−0.08	0.19	0.11	−0.29	0.22	0.11	−0.19
217001	16	0.00	0.16	0.17	−0.26	0.26	0.17	−0.13
217001	17	−0.16	0.25	0.09	−0.20	0.24	0.17	−0.15
217001	18	−0.15	0.26	0.12	−0.19	0.24	0.15	−0.07
217001	19	−0.31	0.57	0.26	0.38	0.18	0.12	0.16
240001	1	−0.06	0.16	0.10	0.03	0.12	0.09	0.05
240001	2	0.04	0.15	0.19	−0.10	0.09	0.06	−0.05
240001	3	0.04	0.08	0.11	−0.06	0.10	0.05	0.03
240001	4	−0.16	0.30	0.13	−0.07	0.14	0.13	−0.05
240001	5	−0.06	0.24	0.17	0.04	0.10	0.05	0.03
240001	6	−0.13	0.21	0.08	0.01	0.07	0.04	0.02
240001	7	0.00	0.20	0.20	0.15	0.07	0.05	0.13
240001	8	0.23	0.23	0.46	0.31	0.13	0.08	0.26
240001	9	0.03	0.12	0.15	0.01	0.11	0.07	0.06
240001	10	0.28	0.09	0.37	0.45	0.11	0.11	0.31
240001	11	−3.07	4.12	1.05	0.36	0.19	0.56	−0.54
240001	12	0.01	0.55	0.56	0.35	0.20	0.13	0.27
240001	13	0.18	0.06	0.23	0.48	0.17	0.12	0.30
240001	14	0.22	0.04	0.27	−0.04	0.16	0.12	−0.02
240001	15	0.03	0.11	0.15	−0.29	0.22	0.12	−0.17
240001	16	−0.01	0.16	0.16	−0.26	0.26	0.18	−0.18
240001	17	0.02	0.04	0.06	−0.20	0.24	0.16	−0.12
240001	18	−0.01	0.11	0.10	−0.19	0.24	0.18	−0.06
240001	19	−0.03	0.09	0.07	0.38	0.18	0.13	0.26
240005	1	0.11	0.02	0.13	0.03	0.12	0.08	0.02
240005	2	0.08	0.03	0.11	−0.10	0.09	0.06	−0.03
240005	3	0.03	0.06	0.10	−0.06	0.10	0.06	−0.01
240005	4	0.09	0.04	0.13	−0.07	0.14	0.13	−0.07

续表

id	time	nsh	sgl	shl	rm	σm	σ	r
240005	5	0.07	0.00	0.08	0.04	0.10	0.08	0.05
240005	6	0.05	0.00	0.05	0.01	0.07	0.06	0.02
240005	7	0.45	0.10	0.55	0.15	0.07	0.06	0.15
240005	8	0.42	0.05	0.48	0.31	0.13	0.09	0.17
240005	9	0.12	0.04	0.17	0.01	0.11	0.09	0.06
240005	10	0.13	0.08	0.21	0.45	0.11	0.13	0.31
240005	11	0.22	0.07	0.30	0.36	0.19	0.17	0.23
240005	12	0.08	0.07	0.15	0.35	0.20	0.15	0.43
240005	13	-1.61	2.09	0.48	0.48	0.17	0.51	-0.25
240005	14	0.04	0.12	0.16	-0.04	0.16	0.15	-0.05
240005	15	-7.16	7.74	0.59	-0.29	0.22	0.57	-0.70
240005	16	-0.17	0.38	0.21	-0.26	0.26	0.18	-0.15
240005	17	-0.05	0.13	0.08	-0.20	0.24	0.14	-0.14
240005	18	0.01	0.06	0.07	-0.19	0.24	0.16	-0.06
240005	19	0.04	0.07	0.11	0.38	0.18	0.12	0.21
260104	1	0.22	0.17	0.39	0.03	0.12	0.06	0.05
260104	2	0.18	0.12	0.30	-0.10	0.09	0.06	-0.03
260104	3	0.20	0.11	0.31	-0.06	0.10	0.07	0.02
260104	4	-0.06	0.18	0.12	-0.07	0.14	0.12	-0.04
260104	5	0.09	0.04	0.13	0.04	0.10	0.06	0.04
260104	6	-0.06	0.13	0.07	0.01	0.07	0.06	0.00
260104	7	0.16	0.16	0.32	0.15	0.07	0.07	0.27
260104	8	-0.13	0.41	0.28	0.31	0.13	0.17	0.44
260104	9	0.07	0.16	0.24	0.01	0.11	0.12	0.03
260104	10	-0.22	0.44	0.22	0.45	0.11	0.14	0.46
260104	11	-0.40	0.80	0.40	0.36	0.19	0.25	-0.02
260104	12	0.09	0.19	0.29	0.35	0.20	0.15	0.27
260104	13	-0.05	0.24	0.19	0.48	0.17	0.12	0.43
260104	14	0.05	0.09	0.15	-0.04	0.16	0.16	-0.04
260104	15	0.29	0.02	0.31	-0.29	0.22	0.14	-0.28
260104	16	0.22	0.04	0.26	-0.26	0.26	0.18	-0.22
260104	17	0.13	0.03	0.17	-0.20	0.24	0.17	-0.13
260104	18	0.21	0.01	0.23	-0.19	0.24	0.22	-0.13
260104	19	0.07	0.05	0.13	0.38	0.18	0.17	0.29

参考文献

［1］白春宇，蔡春平. 开放式股票型基金业绩持续性实证研究［J］. 湖南财经高等专科学校学报，2008（2）：107-110.

［2］冯金余. 基于DCC—MVGARCH模型的证券组合VaR测度与拓展模型［J］. 统计与信息论坛，2009（2）：64-71.

［3］冯金余. 开放式基金赎回与业绩的内生性——基于中国动态面板数据的分析［J］. 证券市场导报，2009（3）：28-34.

［4］冯金余. 开放式基金投资者的处置效应——基于中国面板数据的门限回归分析，统计与信息论坛，2009（7）：57-63.

［5］冯金余. 开放式基金业绩与投资者的选择——基于中国动态面板数据对申购、赎回的分析［J］. 商业经济与管理，2009（5）：72-80.

［6］冯金余. 中国开放式基金投资管理效率研究［J］. 证券市场导报，2010（2）：42-49.

［7］官颖华，黄瑞芬. 股票型开放式基金业绩持续性经济价值分析［J］. 证券经纬. 2008（6）：146-149.

［8］龚亚萍. 开放式基金的业绩持续性检验［J］. 新西部，2007（24）：27-33.

［9］何军耀，蒲勇健. 证券投资基金业绩的持续性研究［J］. 金融教学与研究，2004，3（95）：38-39.

［10］何晓群，郝燕梅. 开放式基金业绩持续性检测的实证研究［J］. 经济理论与经济管理，2008（5）：46-50.

［11］胡金焱，冯金余. 相对绩效与开放式基金投资者流动［R］. "第六届中国金融学年会"会议论文.

［12］胡畏，聂曙光，张明. 中国证券投资基金业绩的中短期持续性［J］. 系统工程，2004（4）：44-48.

［13］解学成，张龙斌. 基金持有人赎回行为研究［J］. 证券市场导报，2009（9）：1 – 9.

［14］李德辉，方兆本，余雁. 扫描统计量———检测基金业绩持续性的新方法［J］. 运筹与管理，2006（2）：82 – 87.

［15］李德辉，方兆本. 证券投资基金业绩持续性研究综述［J］. 证券市场导报，2005（8）：38 – 43.

［16］李昆. 封闭式基金业绩持续性研究［J］. 商业研究，2005（18）：83 – 86.

［17］李敏. 封闭式基金业绩持续性的统计分析［J］. 财经问题研究，2008，12（301）：123 – 127.

［18］李宪立，吴光伟，唐衍伟. 多期基金业绩持续性评价新模型及实证研究［J］. 哈尔滨工业大学学报，2007，39（10）：1673 – 1676.

［19］李学峰，陈曦，茅勇峰. 我国开放式基金业绩持续性及其影响因素研究［J］. 当代经济管理，2007，29（6）：97 – 102.

［20］李曜，于进杰. 开放式基金赎回机制的外部效应［J］. 财经研究，2004，30（12）：111 – 121.

［21］李曜. 从行为金融学看基金的赎回现象、分红及基金经理选［A］. 南京大学 2003 年行为金融学国际研讨会入选论文，2003：1 – 10.

［22］林树，汤震宇，李翔，潘哲盛. 基金投资者的行为方式及其合理性——基于我国证券基金市场的经验证据［J］. 证券市场导报，2009（8）：23 – 28.

［23］刘建和，郭清亮. 基于波动率的开放式基金业绩持续性检验商业研究［J］. 商业研究，2008，2（370）：184 – 187.

［24］刘建和，韦凯升. 封闭式基金的业绩持续性检验［J］. 商业研究，2007（2）：129 – 132.

［25］刘翔. 我国基金业绩持续性研究——对基金市场有效性的启示［J］. 北京机械工业学院学报，2008，12（23）：65 – 70.

［26］刘永利，薛强军. 货币市场基金申购赎回的实证研究［J］. 数理统计与管理，2007，6（26）：1111 – 1117.

［27］刘志远，姚颐. 开放式基金的“赎回困惑”现象研究［J］. 证券市场导报，2004（2）：37 – 40.

［28］刘志远，姚颐. 我国开放式基金赎回行为的实证研究［J］. 经济

科学, 2004 (5): 48 – 57.

[29] 陆蓉, 陈百助, 徐龙炳, 谢新厚. 基金业绩与投资者的选择——中国开放式基金赎回异常现象的研究 [J]. 经济研究, 2007 (6): 39 – 50.

[30] 任杰, 陈权宝. 中国开放式基金业绩持续性实证研究 [J]. 浙江金融, 2007 (11): 1 – 2.

[31] 申晓航, 白玉娜, 中国证券投资基金业绩持续性研究综述 [J]. 管理观察, 2008 (7): 120 – 121.

[32] 时希杰, 吴育华, 李亚瑞. 基于业绩持续性的证券投资基金聚类与实证研究 [J]. 数理统计与管理, 2005 (7): 66 – 117.

[33] 宋文光, 宫颖华. 基于多元回归方法的基金业绩持续性影响因素分析 [J]. 统计与决策, 2009 (1): 127 – 128.

[34] 王思为. 对开放式基金业绩持续性的实证研究 [J]. 武汉金融, 2007 (9): 19 – 52.

[35] 王向阳, 袁定. 开放式基金业绩持续性的实证研究 [J]. 财经论坛, 2006, 1 (205): 137 – 138.

[36] 吴启芳, 陈收, 雷辉. 基金业绩持续性的回归实证 [J]. 系统工程, 2003, 21 (1): 33 – 37.

[37] 吴启芳, 汪寿阳, 黎建强. 中国证券投资基金业绩的持续性检验 [J]. 管理评论, 2003 (11): 23 – 281.

[38] 吴遵, 陶震安, 王巧玲. 证券投资基金业绩的持续性之综述 [J]. 技术经济与管理研究, 2007 (3): 33 – 35.

[39] 肖奎喜, 杨义群. 我国开放式基金的业绩持续性研究 [J]. 财贸研究, 2005 (4).

[40] 肖燕飞, 宁光荣. 我国证券投资基金业绩的持续性研究 [J]. 湖南财经高等专科学校学报, 2005, 8 (21): 32 – 34.

[41] 徐琼, 赵旭. 封闭式基金业绩持续性实证研究 [J]. 金融研究. 2006 (5): 92 – 97.

[42] 薛泽庆, 张冬. 我国开放式基金业绩持续性影响因素探析 [J]. 金融理论与实践, 2009 (9): 85 – 88.

[43] 杨华蔚. 开放式基金业绩与 VaR 风险持续性比较研究 [J]. 价格月刊, 2008 (9): 71 – 73.

[44] 虞红霞. 基金业绩评价和持续性实证研究 [J]. 深圳职业技术学

院学报, 2005 (2): 66 - 70.

[45] 赵旭, 吴冲锋. 开放式基金流动性赎回风险实证分析与评价 [J]. 运筹与管理, 2003, 12 (6): 1 - 6.

[46] 周泽炯. 我国开放式基金业绩持续性的实证分析 [J]. 经济问题探索, 2004 (9): 19 - 271.

[47] 朱宏泉, 马晓维, 李亚静, 等. 基金投资者投资行为影响因素研究 [J]. 管理评论, 2009 (10): 86 - 94.

[48] 庄云志, 唐旭. 基金业绩持续性的实证研究 [J]. 金融研究, 2004 (5): 20 - 27.

[49] Aditya Kaul, Blake Phillips. Flight to Quality and Canadian Mutual Fund Flows [R]. Working Paper, 2007: 1 - 29.

[50] Albert S. Kyle, Hui Ou-Yang, Wei Xiong. Prospect Theory and Liquidation Decisions [R]. Working Paper, 2005: 2 - 22.

[51] Alex Frino, Andrew Lepone, Brad Wong. Derivative use, fund flows and investment manager performance [J]. Journal of Banking & Finance, 2009, 33: 925 - 933.

[52] Alexander Kempf, Stefan Ruenzi. Family Matters: The Performance Flow Relationship in the Mutual Fund Industry [R]. SSRN Working Paper, 2004: 1 - 26.

[53] Allen D E, ML Tan. A Test of the Persistencein the Performance of UKManaged Funds [J]. Journal of Business Finance and Accounting, 1999, 26: 559 - 595.

[54] Aneel Keswani, David Stolin. Determinants of Mutual Fund Performance Persistence: A Cross-Sector Analysis [R]. 2004: 1 - 27.

[55] Arrow, K.. "Le Role Des Valeurs Boursières PourLa RepartitionLa Meilleure Des Risques [R]. 1954: 1 - 20.

[56] Barber, Brad, Terrance Odean. Trading is hazardous to your wealth: The common stock investment performance of individual investors [J]. Journal of Finance, 2000, 55: 773 - 806.

[57] Barber, Brad, Terrance Odean, Lu Zheng. Out of Sight, Out of Mind: The Effects of Expenses on Mutual Fund Flows, Journal of Business, 2005, 78: 2095 - 2119.

［58］Barber, Brad M. , Terrance Odean, Lu Zheng. The Behaviour of Mutual Fund investors ［R］. SSRN Working Paper, 2000: 1 - 49.

［59］Bergstresser, Dan, James Poterba. Do After-Tax Returns Affect Mutual Fund Inflows ［J］. Journal of Financial Economics, 2002, 63, 381 - 414.

［60］Berk A. Sensoy, Performance Evaluation and Self-Designated Benchmark Indexes in the Mutual Fund Industry ［R］. Working Paper, 2008: 1 - 37.

［61］Berk, Jonathan B. , Ian Tonks. Return persistence and fund flows in the worst performing mutual funds ［R］. Working Paper No. 13042, NBER 2007: 1 - 22.

［62］Berk, Jonathan B. , Richard C. . Green, Mutual fund flows and performance in rational markets ［J］. Journal of Political Economy, 2004, 112: 1269 - 1295.

［63］Bhargava R. and D. A. Dubofsky, A Note on Fair Value Pricing of Mutual Funds ［J］. Journal of Banking and Finance, 2001, 25: 339 - 354.

［64］Bill Ding, Mila Getmansky, Bing Liang, Russ Wermers. Investor Flows and Share Restrictions in the Hedge Fund Industry ［R］. SSRN Working Paper, 2008: 8 - 15.

［65］Blake, David, Allan Timmermann. Mutual fund performance: Evidence from the UK ［J］. European Finance Review, 1998, 2: 57 - 77.

［66］Brad M. Barber, Terrance Odean, Lu Zheng. Out of Sight, Out of Mind: The Effects of Expenses on Mutual Fund Flows ［R］. SSRN Working Paper, 2003: 1 - 36.

［67］Brad M. Barber, Yi-Tsung Lee, Yu-Jane Liu. Is the Aggregate Investor Reluctant to Realize Losses? Evidence from Taiwan ［R］. SSRN Working Paper, 2006: 1 - 20.

［68］Brian D. Adams. The Effect of Investor Flows on Hedge Fund Manager Performance and the Decision to Invest ［R］. SSRN Working Paper, 2007, 4: 2 - 77.

［69］Brown S J, W NGoetzmann. Performance Persistence ［J］. Journal of Finance, 1995, 50: 679 - 698.

［70］Brown, Keith C. , W. V. Harlow, Laura T. Starks. Of Tournaments and Temptations: An Analysis of Managerial Incentives in the Mutual Fund Industry

[J]. Journal of Finance, 1996, 51 (1): 85 – 110.

[71] Capon, Noel, Gavan J. Fitzsimmons and Russ Alan Prince. An Individual Level. Analysis of the Mutual Fund Investment Decision [R]. SSRN 1996: 1 – 20.

[72] Carhart, Marc M.. On persistence in mutual fund performance [J]. Journal of Finance, 1997, 52: 57 – 82.

[73] Carpenter, Jennifer N. , Anthony W. Lynch. Survivorship bias and attrition effects in measures of performance persistence, Journal of Financial Economics [J]. 1999, 54: 337 – 374.

[74] Chalmers, John M. R, Roger M. Edelen, Gregory B. Kadlec. On the perils of Financial Intermediaries Setting Securities Prices: The Mutual Fund Wild Card Option [J]. The Journal of Finance, 2001, 56: 2209 – 2236.

[75] Chevalier, Judith, Glenn Ellison. Risk Taking by Mutual Funds as a Response to Incentives [J]. Journal of Political Economy, 1997, 105: 1167 – 1200.

[76] Chevalier, Judith, Glenn Ellison. Career concerns of mutual fund managers [J]. Quarterly Journal of Economics, 1999, 114: 389 – 432.

[77] Chih-Hsten Yu, Wang-Tsung Tzeng. The Spillover and Crowding-out Effects of Mutual Funds [J]. Journal of Financial Studies, 2003, 2 (11): 1 – 38.

[78] Chin-Horng Chan, Zen-You Yang. Value Function and the Behavior of Mutual Funds Investors [J]. Review of Financial Risk Management, 2006, 1 (2): 59 – 82.

[79] Christopher R. Blake, Matthew R. Morey. Morningstar Ratings and Mutual Fund Performance [J]. The Journal of Financial and Quantitative Analysis, 2000, Vol. 35, No. 3 (Sep.): 451 – 483.

[80] Cooper, Michael J. , Huseyin Gulen, P. Raghavendra Rau. Changing names with style: Mutual fund name changes and their effects on fund flows [J]. Journal of Finance, 2005, 60: 2825 – 2858.

[81] Dan Bernhardt, Ryan J. Davies. Smart Fund Managers? Stupid Money? [R]. SSRN Working Paper, 2008: 1 – 37.

[82] David G. Shrider. Does Size Matter? An Analysis of Mutual Fund Transaction Size [J]. Journal of Money, Investment and Banking, 2009, 7: 29 – 42.

［83］ David Nanigian, Michael S. Finke, William Waller. Redemption Fees: Reward for Punishment ［R］. SSRN Working Paper, 2008: 1 - 30.

［84］ David Rakowskia, Xaioxin Wang. The dynamics of short-term mutual fund flows and returns: A time-series and cross-sectional investigation ［J］. Journal of Banking & Finance, 2009, may, 2: 1 - 20.

［85］ Del Guercio, Diane, Paula A. Tkac. The determinants of the flow of funds of managed portfolios: Mutual funds vs. pension funds ［J］. Journal of Financial and Quantitative Analysis, 2002, 37: 523 - 557.

［86］ Dilip K. Patro. International Mutual Fund Flows ［R］. SSRN Working Paper, 2006: 1 - 49.

［87］ Ding Du, Zhaodan Huang, Peter J. Blanchfield. Do fixed income mutual fund managers have managerial skills? ［J］. The Quarterly Review of Economics and Finance, 2009, 49: 378 - 397.

［88］ Donald L. Santini, Jack W. Aber. Determinants of Net New Money Flows to the Equity Mutual Fund Industry ［J］. Journal of Economics and Business, 1998, 50: 419 - 429.

［89］ Doron Avramov, Russ Wermers. Investing in mutual funds when returns are Predictable ［J］. Journal of Financial Economics, 2006, 81: 339 - 377.

［90］ Doron Kliger, Ori Levy, Doron Sonsino. On absolute and relative performance and the demand for mutual funds—experimental evidence ［J］. Journal of Economic Behavior & Organization, 2003, Vol. 52: 341 - 363.

［91］ Droms W. G. , D. A. Walker. Investment Performance of International Mutual Funds ［J］. Journal of Financial Research, 1994, 17: 1 - 14.

［92］ Dunn, D. , T. Wilson. When the Stakes are High-A Limit to the Illusion-of-Control Effect ［J］. Social Cognition, 1990, 8: 305 - 323.

［93］ Econométrie. Securities in the Optimal Allocation of Risk-bearing ［J］. Review of Economic Studies, 1953, 31: 91 - 96.

［94］ Edelen, Roger. Investor Flows and the Assessed Performance of Open-End Mutual Funds ［J］. Journal of Financial Economics, 1999, 53: 439 - 466.

［95］ Elton, Edwin J. , Martin J. Gruber, Christopher R. Blake. Survivorship bias and mutual fund performance ［J］. Review of Financial Studies, 1996b, 9: 1097 - 1120.

［96］Elton, Edwin J. , Martin J. Gruber, Christopher R. Blake. The persistence of risk-adjusted mutual fund performance ［J］. Journal of Business, 1996a, 69: 133 – 157.

［97］Elton, Edwin J. , Martin J. Gruber, Das Sanjiv, Matthew Hvlaka. Efficiency with costly information: A reinterpretation of evidence from managed portfolios ［J］. Review of Financial Studies, 1993, 6: 1 – 22.

［98］Elton, Edwin J. , Martin J. Gruber, Jeffrey A. Busse. Are investors rational? Choices among index funds ［J］. Journal of Finance, 2004, 1: 261 – 288.

［99］Elton, Edwin J. , Martin J. Gruber, Christopher R. Blake. Incentive fees and mutual funds ［J］. Journal of Finance. 2003, 58: 779 – 804.

［100］Fabian Niebling, Steffen Meyer, Andreas Hackethal, Whose money is smart? Mutual fund purchases of private investors ［R］. SSRN Working Paper, 2009: 1 – 29.

［101］Fama Eugene. "Efficient Capital Markets: A Re-view of Theory and Empirical Work" ［J］. Journal of Finance, 1970, 25: 383 – 417.

［102］Fletcher, Jonathan. The Evaluation of the Performance of UK American Unit Trusts ［J］. International Review of Economics and Finance, 1997, 8: 455 – 466.

［103］Fong, C. , K. McCabe. Are Decisions Under Risk Malleable?, Proceedings of the NationalAcademy of Sciences ［J］. 1999, 96: 10927 – 10932.

［104］Gallagher, Shifali Mudumba, Madhu Veeraraghavan. How smart is money? An investigation into investor behaviour in the Australian managed fund industry ［J］. Pacific-Basin Finance Journal, 2007, 15: 494 – 513.

［105］Geogrey C. Friesen, Travis R. A. Sapp. Mutual fund flows and investor returns: An empirical examination of fund investor timing ability ［J］. Journal of Banking & Finance, 2007: 2796 – 2816.

［106］George D. Cashman, Daniel N. Deli , Federico Nardari, Sriram V. Villupuram. Investor Behavior in the Mutual Fund Industry: Evidence from Gross Flows ［R］. SSRN Working Paper, 2008: 1 – 22.

［107］George D. Cashman, Daniel N. Deli, Federico Nardari, Sriram V. . Villupuram. On Monthly Mutual Fund Flows ［R］. 2006: 1 – 52, Working Paper.

［108］George D. Cashman, Daniel N. Deli, Federico Nardari, Sriram V. Villupuram. Understanding the Non-linear Relation between Mutual Fund Performance and Flows [R]. SSRN Working Paper, 2007: 1 – 45.

[109] Gerasimos Georgiou Rompotis. Performance, Expenses and Cash Flows: Evidence from Greek Equity Funds [R]. SSRN Working Paper, 2007: 12 – 20.

[110] Gervais, Simon, Anthony W. Lynch, David K. Musto. Fund families as delegated monitors of money managers [J]. Review of Financial Studies, 2005, 18: 1139 – 1169.

[111] Goetzmann, William N. , Roger G. Ibbotson. Do winners repeat? Patterns in mutual fund performance [J]. Journal of Portfolio Management, 1994, 20 (2): 9 – 18.

[112] Goetzmann, William, Nadav Peles. Cognitive Dissonance and Mutual Fund Investors [J]. Journal of Financial Research, 1997, 20, 145 – 158.

[113] Goetzmann, Ibbotson. Do Winners Repeat? Patterns in Mutual Fund Performance [J]. Journal of Portfolio Management, 1994, 20 (2): 9 – 18.

[114] Goetzmann, William N. , Zoran Ivkovic, K. Geert Rouwenhorst. DayTrading International Mutual Funds [J]. Journal of Financial and Quantitative Analysis, 2001, 36: 287 – 309.

[115] Goriaev, Alexei, Theo E. Nijman, Bas J. M. Werker. Performance information dissemination in the mutual fund industry [J]. Journal of Financial Markets. 2008, 11: 144 – 159.

[116] Greene, Jason. C. Hodges. The dilution impact of daily fund flows on open-end mutual funds [J]. Journal of Financial Economics, 2002, 65: 131 – 158.

[117] Grinblatt, Mark, Matti Keloharju. What Makes Investors Trade? [J]. Journal of Finance, 2001, 56: 589 – 616.

[118] Grinblatt, Mark, Sheridan Titman. The persistence of mutual fund performance [J]. Journal of Finance, 1992, 42: 1977 – 1984.

[119] Grinblatt, Mark, Sheridan Titman. Performance measurement without benchmarks: An examination of mutual fund returns [J]. Journal of Business, 1993, 66: 47 – 68.

[120] Gruber, Martin J.. Another puzzle: The growth in actively managed mutual funds [J]. Journal of Finance, 1996, 51: 783 – 810.

[121] Guercio, DianeDel & Tkac, Paula A.. Star Power: The Effect of

Monrningstar Ratings on Mutual Fund Flow [J]. Journal of Financial and Quantitative Analysis, Cambridge University Press, 2008, vol. 43 (04): 907 –936.

[122] Guillermo Baquero, Marno Verbeek. A Portrait of Hedge Fund Investors: Flows, Performance and Smart Money [R]. 2007: 1 –73.

[123] Guillermo Baquero, Marno Verbeek. Do Sophisticated Investors Believe in the Law of Small Numbers? [R]. The American Finance Association meetings papers, 2008: 1 –40.

[124] Guillermo Baquero. On Hedge Fund Performance, Capital Flows and Investor Psychology [R]. Working Paper, 2006: 1 –213.

[125] Hal R. Arkes, David Hirshleifer, Danling Jiang, Sonya Lim. Prospect Theory and Reference Point Adaptation: Evidence from the US, China, and Korea [R]. Working Paper. 2007, 3 –16.

[126] Hansen B. Threshold effects in non-dynamic panels: Estimation, testing and inference [J]. Journal of Econometrics, 1999, 93 (2): 345 –368.

[127] Hendricks D, J Patel. The JO shape of Performance Persistence Given Survivorship Bias [J]. Review of Economics and Statistics, 1997, 79: 161 –166.

[128] Hendricks, Darryll, Jayendu Patel, Richard Zeckhauser. Hot hands in mutual funds: Short-run persistence of relative performance: 1974 –1988 [J]. Journal of Finance, 1993: 48 –93.

[129] Hsee C K, Loewenstein G F, Blount S, et al. Preference reversals between joint and separate evaluations of options: A review and theoretical analysis [J]. Psychological Bulletin, 1999, 125 (5): 76 –91.

[130] Hu, Fan, Alastair R. Hall, Campbell R. Harvey. Promotion or demotion? An empirical investigation of the determinants of top mutual fund manager change [R]. Working paper, Duke University, 2000: 1 –22.

[131] Huang, Jennifer, Kelsey D. Wei and Hong Yan. Participation Costs and the Sensitivity of Fund Flows to Past Performance [J]. Journal of Finance, 2007, 62: 1273 –1311.

[132] Huij, Joop, Marno Verbeek. Cross-sectional learning and short-run persistence in mutual fund performance [J]. Journal of Banking and Finance, 2007, 31: 973 –997.

[133] Investment Company Institute, 1993, Understanding Shareholder Re-

demption Decisions.

[134] Investment Company Institute, 1994, Distribution Channels for Mutual Funds: Understanding Shareholder Choices.

[135] Investment Company Institute, 1997, Understanding Shareholders' Use of Information and Advisers.

[136] Investment Company Institute, 2001, Redemption Activity of Mutual Fund Owners, Fundamentals 10 (1).

[137] Investment Company Institute, 2008, Mutual Fund Factbook.

[138] Investment Company Institute, 2009, Mutual Fund Factbook.

[139] Investment Company Institute, Fact Book, Investment Company Institute, Washington, D. C. Investors, Working paper, 2006: 1 – 47.

[140] Ippolito, R. A. Consumer Reaction to Measures of Poor Quality: Evidence from the Mutual Fund Industry [J]. Journal of Law and Economics, 1992, 35: 45 – 70.

[141] Ivkovic, Zoran, Scott Weisbenner. "Old" Money Matters: The sensitivity of Mutual Fund Redemption Decisions to Past Performance [R]. Working Paper, University of Illinois , 2006: 1 – 43.

[142] Ivkovi ć, Zoran, James Poterba, Scott Weisbenner. Tax-Motivated Trading by Individual Investors [J]. American Economic Review, 2005, 95 (5): 1605 – 1630.

[143] Jacquelyn E. Humphrey, Karen L. Benson, Timothy J. Brailsford. Determinants of Aggregate Flow in the Retail Funds Market [R]. Working Paper, 2007: 1 – 23.

[144] Jain, Prem C. , Joanna Shuang Wu. Truth in Mutual Fund Advertising: Evidence on Future [R]. Working Paper, 2000: 1 – 20.

[145] James D. Peterson, Paul A. Pietranico, Mark W. Riepe, Fran Xu. Explaining After-Tax Mutual Fund Performance [J]. Financial Analysts Journal, 2002, 1 (58): 75 – 86.

[146] James L. Davis. Mutual Fund Performance and Manager Style [J]. Financial Analysts Journal, 2001, 1 (57): 19 – 27.

[147] Jason Karceski. Returns-Chasing Behavior, Mutual Funds, and Beta's Death [J]. Journal of Financial and Quantitative Analysi, 2002, 4 (37): 559 –

596.

［148］Jason T. Greene, Charles W. Hodges, David A. Rakowski. Daily mutual fund flows and redemption policies ［J］. Journal of Banking & Finance, 2007, 31: 3822 – 3842.

［149］Jason T. Greene, Charles W. Hodges. The Dilution Impact of Daily Fund Flows on Open-End Mutual Funds ［J］. Journal of Financial Economics, 2002, 65: 131 – 158.

［150］Jenke ter Horst, Marno Verbeek. Fund liquidation, self-selection and look-ahead bias in the hedge fund industry ［R］. SSRN Working Paper, 2004, 12: 1 – 28.

［151］Jennifer C. Huang, Kelsey D. Wei and Hong Yan. Volatility of Performance and Mutual Fund Flows ［R］. SSRN Working Paper, 2007: 5 – 25.

［152］Jonathan B. Berk, Richard C. Green. Mutual Fund Flows and Performance in Rational Markets ［R］. NBER Working Paper, 2002: 1 – 37.

［153］Jonathan B. Berk, Ian Tonks. Return persistence and fund flows in the worst performing mutual funds ［R］. NBER Working Paper, 2007: 1 – 26.

［154］Joseph Charles Smolira, taxes and performance persistence ［R］. Doctor Dissertation, 1999, 5: 290.

［155］Kahn, Ronald N. , Andrew Rudd. Does historical performance predict future performance? ［J］. Financial Analysts Journal, 1995: 43 – 52.

［156］Kahneman, D. , A. Tversky. Prospect theory: An analysis of decision under risk ［J］. Econometrica, 1979, 47: 263 – 292.

［157］Karen L. Benson, Robert W. Faff, Tom Smith. Endogeneity in Fund Flow and Return: Evidence from Individual Funds ［R］. SSRN Working Paper, 2008: 1 – 36.

［158］Kari Sigurdsson. The Effect of New Money Inflows on the Flow-Performance Relationship in the U. S. Mutual Fund Industry ［R］. SSRN Working Paper, 2004: 1 – 31.

［159］Keith Cuthbertson, Dirk Nitzsche, Niall O'Sullivan. UK mutual fund performance: Skill or luck? ［J］. Journal of Empirical Finance, 2008, 15: 613 – 634.

［160］Laura T. Starks, Michael Yates. Reputation and Mutual Fund Choice ［R］. Working Paper, 2007: 1 – 39.

［161］Laurie Prather, William J. Bertin, Thomas Henker. Mutual fund characteristics, managerial attributes, and fund performance ［J］. Review of Financial Economics, 2004, 13: 305 – 326.

［162］Lintner, J.. "TheValuation of Risk Assets and the Selection of Risky Investments in Stock Portfolios and Capital Budgets" ［J］. Review of Economics and Statistics, 1965, 2: 13 – 37.

［163］Lynch, Anthony W. David K. Musto. How Investors Interpret Past Fund Returns ［J］. Journal of Finance, 2003, 58: 2033 – 2058.

［164］M1 Grinblatt, S1 Titman. The Persistence of Mutual Fund Performance ［J］. Journal of Finance, 1992, 47 (5): 1977 – 1984.

［165］Malkiel B G. Returns fromInvesting in Equity Equal Funds 1971 to 1991 ［J］. Journal of Finance, 1995, 50: 549 – 572.

［166］Marcin Kacperczyk, Clemens Sialm, Lu Zheng. Unobserved Actions of Mutual Funds ［R］. Working Paper, 2006: 1 – 49.

［167］Marco Pagani. The Determinants of the Convexity in the Flow-Performance Relationship ［R］. Working Paper, 2006: 1 – 55.

［168］Markowitz, H. Z.. "Portfolio Selection" ［J］. Journal of Finance, 1952a, vol. 7: 77 – 91.

［169］Massa, Massimo, Jonathan Reuter, Eric Zitzewitz. Why should firms share credit with employees? Evidence from anonymously managed mutual funds ［J］. Working Paper, 2007: 1 – 20.

［170］Massa, Massimo. How Do Family Strategies Affect Fund Performance? When Performance-Maximization Is Not the Only Game in Town ［J］. Journal of Financial Economics, 2002, 67 (2): 249 – 304.

［171］Matthew R. Morey. Mutual Fund Age and Morningstar Ratings ［R］. SSRN Working Paper, 2000: 1 – 29.

［172］Michael J. cooper, Huseyin Gulen, P. raghavendra Rau. Changing names with style: Mutual fund name changes and their effects on fund flows ［J］. Forthcoming, Journal of Finance, 2004: 1 – 52.

［173］Miranda Lam Detzler. The Value of Mutual Fund Rankings to the Individual Investor ［R］. 1999: 1 – 37.

［174］Nanda, Virkam, Z. Jay Wang, Lu Zheng. The ABCs of mutual funds: A natural experiment on fund flows and performance [R]. Working Paper, University of Michigan, 2003.

[175] Nicolas P. B. Bollen, Jeffrey A. Busse. Short-term persistence in mutual fund performance [J]. Review of Financial Studies, 2005, 18: 569 – 597.

[176] Nicolas P. B. Bollen Jeffrey A. Busse. Short-Term Persistence in Mutual Fund Performance [J]. The Review of Financial Studies, 2004, v (18) n2: 1 – 30.

[177] Noel Amenc, Sina El Bied, Lionel Martellini. Predictability in Hedge Fund Returns [J]. Financial Analysts Journal, 2003, 5 (59): 32 – 46.

[178] O'Neal, Edward. Purchase and redemption patterns of US Equity mutual funds [J]. Financial Management, Spring 2004, 63 – 90.

[179] Paolo Gualtieri, Giovanni Petrella. Does Visibility Affect Mutual Fund Flows? [R]. 2005: 1 – 25.

[180] Pei-Gi Shu, Yin-Hua Yeh, Takeshi Yamada. The behavior of Taiwan mutual fund investors—performance and fund flows [J]. Pacific-Basin Finance Journal, 2002, 10: 583 – 600.

[181] Philip Gharghori, Shifali Mudumba, Madhu Veeraraghavan. How smart is money? An investigation into investor behaviour in the Australian managed fund industry [J]. Pacific-Basin Finance Journal, 2007, 15: 494 – 513.

[182] Quigley, Garrett, Rex A. Sinquefield. Performance of UK equity unit trusts [J]. Published, 1998: 1 – 20.

[183] Rajeeva Sinha, Vijay Jog. Fund Flows and Performance: A Study of Canadian Equity Funds [R]. Working Paper, 2007: 1 – 48.

[184] Rhodes, M. Past imperfect? The performance of UK equity managed funds [J]. FSA Occasional Paper 9, 2000, 1 – 58.

[185] Richard Deaves. Data-conditioning biases, performance, persistence and flows: The case of Canadian equity funds [J]. Journal of Banking & Finance, 2004, 28: 673 – 694.

[186] Roberto Steri, Marco Giorgino, Diego Viviani. The Italian hedge funds industry: An empirical analysis of performance and persistence [J]. J. of Multi. Fin. Manag. 2009, 19: 75 – 91.

[187] Roberts, J.. Past Performance can be a guide, Conference and inter-

nal paper, 2001: 1 – 20.

[188] Roger M. Edelen. Investor flows and the assessed performance of open-end mutual funds [J]. Journal of Financial Economics, 1999, 53: 439 – 466.

[189] Ross, S. The Determination of Financial Structure: The Incentives Signaling Approach [J]. The Bell Journal of Economics, 1977, (1): 156 – 187.

[190] Russ Wermers, Robert H. Smith. Is Money Really "Smart"? New Evidence on the Relation Between Mutual Fund Flows, Manager Behavior, and Performance Persistence [R]. 2003: 1 – 56.

[191] S1J1Brown, W1 N1 Goetzmann. Performance Persistence [J]. Journal of Finance, 1995 , 50 (2): 679 – 698.

[192] Samuelson Paul. "Proof That Properly Antici-pated Prices Fluctuate Randomly" [J]. Industrial Management Review, 1965, 6: 41 – 49.

[193] Sauer, D. A., Information Content of Prior Period Mutual Fund Performance Rankings [R]. SSRN Working Papers, 1997: 1 – 20.

[194] Sawicki, Julian, Frank Finn. Smart money and small funds [J]. Journal of Business Finance and Accounting, 2002, 29: 825 – 846.

[195] Scott Cederburg. Mutual Fund Investor Behavior across the Business Cycle [R]. SSRN Working Paper, 2008: 1 – 31.

[196] Sharp. "Capital Asset Prices: A Theory of Market Equilibrium Under Conditions of Risk" [J]. Journal of Finance, 1964, 9: 422 – 425.

[197] Shefrin, H. , M. Statman. The disposition to sell winners too early and ride losers too long: Theory and evidence [J]. Journal of Finance, 1985, 40: 777 – 790.

[198] Sirri, Erik R. Peter Tufano. Costly Search and Mutual Fund Flows [J]. Journal of Finance, 1998, 53: 1589 – 1622.

[199] Steve Birnbaum, Jarl G. Kallberg, Nicholas Koutsoftas, Keith Schwartz. A Closer Examination of Mutual Fund Flows and Performance [R]. SSRN Working Paper, 2004: 1 – 14.

[200] Thaler, Richard, Amos Tversky, Daniel Kahneman, Alan Schwartz. The Effect of Myopia and Loss Aversion on Risk Taking: An Experimental Tes [J]. Quarterly Journal of Economics, 1997, 112: 647 – 661.

[201] Thaler, Richard. Mental accounting and consumer choice [J]. Mar-

keting Science, 1985: 199 – 214.

[202] TH. FIOTAKIS, N. PHILIPPAS. Chasing trend and losing money: open end mutual fund investors' trading behaviour in Greece [J]. Applied Economics Letters, 2004, 11, 117 – 121.

[203] Tzu-Wei KUO, Cesario MATEUS. The Performance and Persistence of Exchange-Traded Funds: Evidence for iShares MSCI country-specific ETFs [R]. Working Paper, 2006: 1 – 59.

[204] Vassilios Babalos, Guglielmo Maria Caporale, Alexandros Kostakis, Nikolaos Philippas. Testing for persistence in mutual fund performanceand the ex post verification problem: Evidence from the Greek market [R]. 2009: 1 – 41.

[205] Vikas Agarwal, Naveen D. Daniel, Narayan Y. Naik. Flows, Performance, and Managerial Incentives in Hedge Funds [R]. 2005: 1 – 44.

[206] Vikram Nanda, M. P. Narayanan, Vincent A. Warther Liquidity, investment ability, and mutual fund structure [J]. Journal of Financial Economics, 2000, 57: 417 – 443.

[207] Vincent Glode, Burton Hollifield, Marcin Kacperczyk, Shimon Kogan. Is Investor Rationality Time Varying? Evidence from the Mutual Fund Industry [R]. 2009: 1 – 51.

[208] Volkman, David A. , Mark E. Wohar. Determinants of persistencein relative performance of mutual funds [J]. The Journal of Financial Research, 1995, 18: 415 – 430.

[209] W1 N1 Goetzmann, R1. G1 Ibbotson. Do Winners Repeat? [J]. Journal of Portfolio Management, 1994, 20 (2): 9 – 181.

[210] Warren Bailey, Alok Kumar, David Ng. Why Do Individual Investors Hold Stocks and High Expense Funds Instead of Index Funds? [R]. Working Paper, 2006: 1 – 34.

[211] Wermers, Russ. Mutual fund performance: An empirical decomposition into stock-picking talent, style, transactions costs, and expenses [J]. Journal of Finance, 2000, 55: 1655 – 1695.

[212] Wermers, Russ. Predicting Mutual Fund Returns [R]. Working Paper, Robert H. Smith School, 2001: 3 – 10.

[213] Wermers, Russ. Momentum investment strategies of mutual funds,

performance persistence, and survivorship bias [R]. Working paper, Graduate school of Business and Administration, University of Colorado at Boulder, Boulder, Col, 1997.

[214] William G. Droms, David A. Walker. Performance persistence of international mutual funds [J]. Global Finance Journal , 2001, 12: 237 -248.

[215] William N. Goetzmann, Massimo Massa, Insead K. Geert Rouwenhorst, Behavioral Factors in Mutual Fund Flows [R]. SSRN Working Paper, 2008: 3 -23.

[216] WM Company, Company report for Virgin Direct, 1999: 1 -20.

[217] Wolfgang Bessler, David Blake, Peter Lückoff, Ian Tonks. Why is Persistent Mutual Fund Performance so Difficult to Achieve? The Impact of Fund Flows and Manager Turnover [R]. Working Paper, 2009: 1 -44.

[218] Wolfgang Breuerand Olaf Stotz. Mutual Fund Flows and Extrapolative Investors' Expectations: The German Case [R]. SSRN working paper, 2007: 4 -18.

[219] Yan (Albert) Wang, Mutual Fund Flows, Performance Persistence, and Manager Skill [R]. SSRN Working Paper, 2006: 1 -44.

[220] Zhao Xiu-juan, WANG Shou-yang. Empirical Study on Chinese Mutual Funds' Performance [J]. Systems Engineering-Theory & Practice, 2007, 27 (3): 1 -11, 27. References.

[221] Zhaojin Xu. Selling Winners, Holding Losers: Effect on Mutual Fund Performance and Flows [R]. Working Paper, 2007: 1 -98.

[222] Zitzewitz, Eric. How widespread was late trading in mutual funds? [J]. American Economic Review, 2006, 96: 284 -289.

[223] Zoran Ivković, Scott Weisbenner. Individual investor mutual fund flows [J]. Journal of Financial Economics, 2009, 92: 223 -237.

后　记

本书的最终完成，离不开各种有利条件的成就！

首先要感谢我的博士导师胡金焱教授。记得3年前我考博面试发挥不力，以为与博士生涯无缘，没想到胡老师很慈悲，最终将我录入门下。带着感恩、惶惑与对未来的憧憬，我踏入了心仪已久的山东大学，但是对于如何在金融学领域进一步学习与研究，却是一片迷茫。

胡老师在博士开学之初就让我从资本市场实证研究角度选一个小题目，打破了我的迷茫，使我的博士学习与生活迅速变得明晰、忙碌而充实。胡老师外表严肃、言语简洁，但内心却非常温和、慈善，即便自己行政、科研和教学工作非常繁忙，但从不给我增添一点科研任务，且坚持参加讨论班，从其身上我总能感觉到一种人性的光辉与力量！他治学严谨、博学多识、正直善良，是我学习与做人的榜样！胡老师所给予的教导、关怀和帮助以及其强大的人格魅力，我将铭记心中，永远感恩！

感谢经济学院的老师们，感谢秦凤鸣教授、姜旭朝教授、曹廷求教授、任燕燕教授、陈蔚教授、于良春教授、张东辉教授、孔丹凤老师、陈晓莉老师与李颖老师。本书的撰写过程与修改饱含着他们建设性的建议和指导！感谢彭实戈院士，非常荣幸能多次参加彭老师的博士生讨论班并聆听彭老师的指导！非常感谢陈蔚教授，我旁听了她两学期的数理经济学与动态最优化，她深厚的数理功底、无私地奉献、深入浅出地施教永远铭记在我的心中，她同样是我学习与努力的榜样！感谢南开大学的王群勇老师，他两学期的计量经济学施教给我打下了较好的科研基础！感谢经济学院研究生办公室的老师们与资料室的郁老师、蔡老师！感谢经济研究中心的黄少安教授与数学院的刘洋教授！

感谢我所有的同学和师兄弟姐妹们！徐光耀、周旭亮、王会宗、卢立香、刘小勇、孙健、花小安等同学、师兄弟们帮助我处理学校事务，及时地给我传递一些经典课程或讲座信息，永远地感恩！非常感谢我的好友兼师兄骆永民博士，他的聪慧、善巧、博学使我大开眼界，受益匪浅！与其交往这几年使我更深地体会到，要不断扩大自己的心量，无尽地结缘，及时地分享！

感谢我的父母，他们一如既往地支持我，无论家中有多大困难，他们总是默默地自己努力解决，从不给我增添负担，怕我分散心力影响学业。特别要感谢我的妻子杨怀静女士，她以大无畏的精神鼓励并支持我辞职考研、考博，使我的人生出现转机，她承担了所有的劳务与家务，而我作为一位家长，却什么也不能给予，言之怎不令人感慨万千？除了感恩以外，还有什么可以表达？

我将秉承这几年来形成的学习与生活理念：感恩、包容、分享！无所求地精进！以辛勤创新的工作和优异的科研成果，来回馈恩师胡老师的悉心教导，回馈父母的养育之恩、妻子的操劳，回馈社会与所有关心帮助我的人！

冯金余

2019 年 9 月